ÉDITORIAL

MAI 2023

André Antoni
prêtre assomptionniste

Bénie soit la rencontre

Le mois de Marie, le plus beau, est celui des rencontres improbables. Comme nous le montre la liturgie avec la Visitation. La mère de Jésus court vers Élisabeth. Et cette cousine est aussi la nôtre par la maturité de sa vie. Elle nous est proche aussi par l'échec. Quoi de plus terrible qu'une stérilité que la vieillesse semble définitivement sceller ? Arrivé à un certain âge, on prend le temps de relire sa vie : qu'avons-nous fait de ces années ? Quel sens y donner ? Or, le prénom Élisabeth dit aussi un destin. La lettre « b », en hébreu « Beth », est l'initiale des deux premiers mots de la Bible, *Bereshit bara :* « Au commencement, Dieu créa. » On aurait pu s'attendre à ce que le récit de la Création s'ouvre sur un alpha très masculin ou des lettres aussi légitimes que celles de la vérité ou du sacré. La Bible a préféré « Beth », qui ouvre la « bénédiction ». Élisabeth ne s'y trompa pas en accueillant Marie : « Bénie sois-tu entre toutes les femmes. » Le projet de Dieu est celui des origines : « Dieu vit que cela était bon. » Il nous revient à tous de bénir, de dire le bien, car le dire, c'est déjà le faire. ■

La Bible commence le récit de la Création avec « Beth », qui ouvre la bénédiction.

Annonce

L'ŒUVRE DES VOCATIONS

Au service de la formation des séminaristes

Les séminaristes sont un signe d'espérance pour l'Église. Les soutenir leur permet d'avoir les moyens matériels de leur formation.

L'Œuvre des Vocations est missionnée pour financer la formation de 150 séminaristes et soutenir l'éveil des vocations féminines et masculines des huit diocèses d'Île-de-France : Paris, Nanterre, Versailles, Meaux, Créteil, Saint-Denis, Pontoise et Évry. Il faut 7 ans pour former le cœur d'un prêtre. Après une année de propédeutique ou fondation spirituelle, l'entrée au séminaire commence par deux années de formation philosophique pour devenir disciple missionnaire du Christ. Ensuite, trois années de formation théologique pour devenir pasteur selon le cœur de Dieu puis une année de formation pastorale après le diaconat.

Il existe différents lieux de formation. Le choix est fait par l'évêque en fonction de l'histoire personnelle du séminariste et de son attente spirituelle. Il peut être envoyé par exemple au Séminaire Saint-Sulpice d'Issy-les-Moulineaux, au Séminaire

diocésain de Paris, au Séminaire diocésain de Versailles ou au Séminaire des Carmes de Paris. « Ma formation au séminaire me permet de grandir en liberté pour mieux répondre à l'appel de Dieu. C'est pourquoi je rends grâce et suis heureux de vivre ce temps privilégié au Séminaire de Paris », confie Jason, séminariste pour le diocèse de Meaux. Les dépenses liées à la formation des séminaristes représentent chaque année 5 millions d'euros, c'est-à-dire 33 000 € par an et par séminariste. Ce coût comprend à la fois l'hébergement et la nourriture, les frais d'études, la protection sociale, les frais de pèlerinage et de retraite et l'entretien des bâtiments dédiés aux séminaristes. L'Œuvre des Vocations ne reçoit aucune subvention. Seuls vos dons permettent aux séminaristes de se préparer à répondre « oui » à l'appel du Christ en suivant une formation humaine, spirituelle, intellectuelle et pastorale et ainsi de faire grandir l'Église.

Annonce

L'Œuvre des Vocations, 15 rue des Ursins, 75004 Paris. Téléphone : 01 78 91 93 20
contact@œuvredesvocations.org www.œuvredesvocations.fr

Prier avec le Saint-Père

Intention universelle du mois de mai 2023

Prions pour que les mouvements et les groupes ecclésiaux redécouvrent chaque jour leur mission évangélisatrice, en mettant leurs charismes au service des besoins du monde.

Pour vous aider à prier :
www.prieraucoeurdumonde.net

SAINTS ET SAINTES DU MOIS DE MAI 2023

Xavier Lecœur, journaliste et historien

Chaque jour, l'Église fête plusieurs saints et bienheureux : ceux du calendrier romain, ceux des calendriers diocésains et ceux du calendrier des Églises orientales.
Tous les mois, Prions en Église *vous propose d'en découvrir quelques-uns.*

1er mai

St Joseph, travailleur
(Ier siècle)
L'humble charpentier de Nazareth, le père nourricier de Jésus, le gardien de la Sainte Famille, est également, depuis 1955, le saint patron de tous les travailleurs.

2 mai

St Joseph-Marie Rubio Peralta
(1864-1929)
Il y a vingt ans, en 2003, le pape saint Jean-Paul II canonisait ce jésuite espagnol qui se dévoua pour les pauvres de Madrid. Il leur apportait une aide matérielle, mais aussi spirituelle.

3 mai

Sts Philippe et Jacques
(Ier siècle)
Deux des douze Apôtres. Appelé par Jésus, Philippe joua un rôle actif lors de la multiplication des pains. Jacques, fils d'Alphée, aurait dirigé l'Église de Jérusalem après le départ de saint Pierre.

4 mai

St Grégoire l'Illuminateur
(IIIe-IVe siècles)
Évangélisateur de l'Arménie, il contribua à faire de ce pays le premier royaume officiellement chrétien.

5 mai

St Hilaire d'Arles
(vers 401-449)
On doit à cet évêque d'Arles une précieuse *Vie de saint Honorat*, le fondateur de l'abbaye de Lérins, où lui-même avait été moine.

6 mai

St Pétronax
(670-747)
Abbé bénédictin. Il restaura le célèbre monastère italien du mont Cassin, dont il est considéré comme le second fondateur, après saint Benoît de Nursie.

7 mai
Bse Marie-Louise Trichet
(1684-1759)
On célèbre, cette année, le trentième anniversaire de la béatification à Rome de cette Poitevine, cofondatrice, avec saint Louis-Marie Grignion de Montfort, de la congrégation des Filles de la Sagesse.

8 mai
Bx Antonin Bajewski
(1915-1941)
L'un des plus proches collaborateurs de saint Maximilien Kolbe, au couvent franciscain de Niepokalanów (Pologne). Mort en martyr à Auschwitz.

9 mai
Ste Louise de Marillac
(1591-1660)
Cofondatrice, avec saint Vincent de Paul, de la congrégation des Filles de la Charité. Auparavant, fêtée le 15 mars.

10 mai
Ste Solange
(IXe siècle)
Consacrée à Dieu dans la virginité, cette bergère berrichonne rejeta les avances d'un seigneur du voisinage. Furieux, l'homme lui trancha la gorge. Patronne du Berry.

11 mai
St Maïeul
(Xe siècle)
Quatrième abbé de Cluny, il refusa de devenir pape pour poursuivre son œuvre à la tête de l'abbaye. Son abbatiat dura quarante ans.

12 mai
Sts Nérée et Achille
(IVe siècle)
Enrôlés dans les armées romaines, ces deux frères furent mis à mort pour avoir récusé César et refusé de renier leur foi chrétienne.

13 mai
St André-Hubert Fournet
(1752-1834)
« Ce n'est pas le monde qu'il faut imiter, mais notre Seigneur Jésus », rappelait le curé de Saint-Pierre-de-Maillé (Vienne), cofondateur de la congrégation des Filles de la Croix. Canonisé en 1933.

14 mai
Ste Théodore Guérin
(1798-1856)
Cette religieuse bretonne, partie ouvrir des écoles en Amérique du Nord, fut à l'origine de la congrégation des Sœurs de la Providence de Sainte-Marie-des-Bois.

15 mai
St Michel Garicoïts
(1797-1863)
Natif d'Ibarre au Pays basque, il créa la congrégation des Prêtres du Sacré-Cœur de Bétharram, voués à l'apostolat et aux missions populaires.

16 mai
Bx Vladimir Ghika
(1873-1954)
« Tout besoin rencontré sur notre route est une visite de Dieu », affirmait ce prince roumain, devenu prêtre du diocèse de Paris. Il mourut en martyr dans une prison de Bucarest. Béatifié il y a dix ans.

17 mai
St Pascal Baylon
(lire page 100)

18 mai
St Jean Ier
(Ve-VIe siècles)
Ce Toscan succéda en 523 au pape saint Hormisdas. Soupçonné de conspiration par le roi goth arien Théodoric, il fut jeté en prison et y mourut d'épuisement.

19 mai
St Yves
(1253-1303)
Prêtre mais aussi juriste, il défendit les pauvres et les ignorants, ouvrit son manoir aux vieillards et aux enfants abandonnés. Très populaire en Bretagne. Patron des avocats.

20 mai
St Bernardin de Sienne
(1381-1444)
Grand prédicateur franciscain, il propagea la dévotion au Saint-Nom de Jésus, dans lequel il voyait « la gloire de ceux qui croient » et « la consolation de ceux qui souffrent ».

21 mai
St Eugène de Mazenod
(1782-1861)
Évêque de Marseille, il fonda la congrégation des Missionnaires oblats de Marie Immaculée. On lui doit aussi la construction de la basilique Notre-Dame de la Garde. Canonisé en 1995.

22 mai
Ste Julie
(Ve siècle)
Esclave chrétienne, martyrisée à Nonza. Sainte patronne de la Corse.

23 mai
St Didier
(VIe-VIIe siècles)
Évêque de Vienne (Isère), il dénonça les mœurs dissolues qui régnaient à la cour de la reine mérovingienne

Brunehaut. Celle-ci se vengea en le faisant arrêter et lapider.

24 mai
Sts Donatien et Rogatien
(IIIe siècle)
Ces deux frères furent dénoncés comme chrétiens et, ayant refusé d'abjurer, furent mis à mort. Patrons de la ville de Nantes.

25 mai
St Grégoire VII
(XIe siècle)
Ce pape énergique voulut corriger la dérive des mœurs du clergé et tenta d'émanciper l'Église de l'emprise des princes et des empereurs. Cela lui valut de terminer sa vie en exil.

26 mai
Ste Marie-Anne de Paredes
(1618-1645)
Première sainte équatorienne. À Quito, elle mena une vie de prière, de charité et de pénitence au service de son peuple.

27 mai
St Eutrope
(Ve siècle)
Évêque de l'ancien diocèse d'Orange (Vaucluse), ville dont il est le saint patron.

28 mai
St Germain de Paris
(vers 496-576)
Nommé évêque de Paris par Childebert, fils de Clovis, il fit construire l'abbaye de Sainte-Croix-Saint-Vincent, qui prit ensuite le nom de Saint-Germain-des-Prés.

29 mai
St Paul VI
(1897-1978)
Il y a soixante ans, en 1963, le cardinal Montini était élu pape. Il allait mener à bien le concile Vatican II, initié par son prédécesseur saint Jean XXIII. Canonisé en 2018.

30 mai
Bx Otto Neururer
(1882-1940)
Ce prêtre autrichien fut déporté et assassiné au camp de Buchenwald (Allemagne) pour s'être opposé à un simulacre de mariage religieux, exigé par un notable nazi. Béatifié en 1996.

31 mai
Ste Pétronille
(Ier siècle)
Selon la tradition, Pétronille (ou Pierrette) aurait été catéchisée et baptisée par saint Pierre et lui devrait donc son nom.

Prions avec les textes de la messe

DU 1ER AU 31 MAI 2023

Partagez vos intentions de prière

....

....

....

....

....

....

....

....

....

Envoyez vos intentions de prière à :
Prions en Église, Intentions de prière, 18 rue Barbès, 92128 Montrouge Cedex.
Elles seront portées par les pèlerins qui partiront sur les pas de saint Paul à Malte, du 5 au 11 juin 2023.

LUNDI 1ER MAI 2023

4E SEMAINE DE PÂQUES COULEUR LITURGIQUE : BLANC

Temps pascal, *messe de la férie*
ou **saint Joseph, travailleur,** *voir p. 18*

Antienne d'ouverture

Ressuscité d'entre les morts, le Christ ne meurt plus ;
sur lui, la mort n'a plus de pouvoir, alléluia. (Rm 6, 9)

Prière

Seigneur Dieu, parfaite lumière des bienheureux, tu nous as donné de célébrer sur la terre les mystères de Pâques ; nous t'en prions, accorde-nous la joie de ta grâce en plénitude dans les siècles éternels. Par Jésus… ***— Amen.***

Lecture

du livre des Actes des Apôtres (11, 1-18)

« Ainsi donc, même aux nations,
Dieu a donné la conversion qui fait entrer dans la vie ! »

En ces jours-là, les Apôtres et les frères qui étaient en Judée avaient appris que les nations, elles aussi, avaient reçu la parole de Dieu. Lorsque Pierre fut de retour à Jérusalem, ceux qui étaient juifs d'origine le prirent à partie, en disant : « Tu es entré chez des hommes qui ne sont pas circoncis, et tu as mangé avec eux ! » Alors Pierre reprit l'affaire depuis le commencement et leur exposa tout dans l'ordre, en disant : « J'étais dans la ville de Jaffa, en train de prier, et voici la vision que j'ai eue

dans une extase : c'était un objet qui descendait. On aurait dit une grande toile tenue aux quatre coins ; venant du ciel, elle se posa près de moi. Fixant les yeux sur elle, je l'examinai et je vis les quadrupèdes de la terre, les bêtes sauvages, les reptiles et les oiseaux du ciel. J'entendis une voix qui me disait : "Debout, Pierre, offre-les en sacrifice, et mange !" Je répondis : "Certainement pas, Seigneur ! Jamais aucun aliment interdit ou impur n'est entré dans ma bouche." Une deuxième fois, du haut du ciel la voix répondit : "Ce que Dieu a déclaré pur, toi, ne le déclare pas interdit." Cela se produisit par trois fois, puis tout fut remonté au ciel. Et voici qu'à l'instant même, devant la maison où j'étais, survinrent trois hommes qui m'étaient envoyés de Césarée. L'Esprit me dit d'aller avec eux sans hésiter. Les six frères qui sont ici m'ont accompagné, et nous sommes entrés chez le centurion Corneille. Il nous raconta comment il avait vu l'ange se tenir dans sa maison et dire : "Envoie quelqu'un à Jaffa pour chercher Simon surnommé Pierre. Celui-ci t'adressera des paroles par lesquelles tu seras sauvé, toi et toute ta maison." Au moment où je prenais la parole, l'Esprit Saint descendit sur ceux qui étaient là, comme il était descendu sur nous au commencement. Alors je me suis rappelé la parole que le Seigneur avait dite : "Jean a baptisé avec l'eau, mais vous, c'est dans l'Esprit Saint que vous serez baptisés." Et si Dieu leur a fait le même don qu'à nous, parce qu'ils ont cru au Seigneur Jésus Christ, qui étais-je, moi, pour empêcher l'action de Dieu ? » En entendant ces paroles, ils se calmèrent et ils rendirent gloire à Dieu, en disant : « Ainsi donc, même aux nations, Dieu a donné la conversion qui fait entrer dans la vie ! » – Parole du Seigneur.

Psaume 41 (42) ; 42 (43)

℟ ***Mon âme a soif de Dieu, le Dieu vivant.***
OU ***Alléluia !***

Comme un cerf altéré
cherche l'eau vive,
ainsi mon âme te cherche
toi, mon Dieu. ℟

Mon âme a soif de Dieu,
le Dieu vivant ;
quand pourrai-je m'avancer,
paraître face à Dieu ? ℟

Envoie ta lumière et ta vérité :
qu'elles guident mes pas
et me conduisent à ta montagne sainte,
jusqu'en ta demeure. ℟

J'avancerai jusqu'à l'autel de Dieu,
vers Dieu qui est toute ma joie ;
je te rendrai grâce avec ma harpe,
Dieu, mon Dieu. ℟

Acclamation de l'Évangile

Alléluia. Alléluia. Je suis le bon pasteur, dit le Seigneur ; je connais mes brebis et mes brebis me connaissent. ***Alléluia.***

Évangile de Jésus Christ

selon saint Jean (10, 11-18)

« Le bon pasteur donne sa vie pour ses brebis »

En ce temps-là, Jésus déclara : « Moi, je suis le bon pasteur, le vrai berger, qui donne sa vie pour ses brebis. Le berger mercenaire n'est pas le pasteur, les brebis ne sont pas à lui : s'il voit venir le loup, il abandonne les brebis

et s'enfuit ; le loup s'en empare et les disperse. Ce berger n'est qu'un mercenaire, et les brebis ne comptent pas vraiment pour lui. Moi, je suis le bon pasteur ; je connais mes brebis, et mes brebis me connaissent, comme le Père me connaît, et que je connais le Père ; et je donne ma vie pour mes brebis. J'ai encore d'autres brebis, qui ne sont pas de cet enclos : celles-là aussi, il faut que je les conduise. Elles écouteront ma voix : il y aura un seul troupeau et un seul pasteur. Voici pourquoi le Père m'aime : parce que je donne ma vie, pour la recevoir de nouveau. Nul ne peut me l'enlever : je la donne de moi-même. J'ai le pouvoir de la donner, j'ai aussi le pouvoir de la recevoir de nouveau : voilà le commandement que j'ai reçu de mon Père. »

Prière sur les offrandes

Accueille, nous t'en prions, Seigneur, les dons de ton Église en fête ; tu es pour elle à l'origine d'un si grand bonheur : qu'il s'épanouisse en joie éternelle. Par le Christ, notre Seigneur. **— *Amen.*** *Préface du temps pascal, p. 222.*

Antienne de la communion

Jésus, debout au milieu
des disciples, leur dit :
« La paix soit avec vous »,
alléluia. (Jn 20, 19)

Prière après la communion

Regarde avec bonté, Seigneur, nous t'en prions, le peuple que tu as rénové par tes sacrements ; accorde-nous de parvenir à la vie incorruptible lorsque notre chair ressuscitera dans la gloire. Par le Christ, notre Seigneur. **— *Amen.***

INVITATION

C'est le début du mois de Marie. Je peux confier une prière à la Vierge sur le site ou l'application *Prions en Église*. Elle sera portée à Jérusalem par la rédaction à la fin du mois.

COMMENTAIRE

Relation non exclusive — Jean 10, 11-18

Le Christ est le bon pasteur, aimant chacun d'entre nous personnellement. Personnellement, mais non exclusivement : « J'ai encore d'autres brebis, qui ne sont pas de cet enclos : celles-là aussi, il faut que je les conduise. » Suivre Jésus bon pasteur, c'est s'ouvrir à l'universalité de l'amour. C'est reconnaître dans la brebis égarée, ou simplement éloignée, une personne aimée et choyée par Dieu. ■

Bertrand Lesoing, prêtre de la communauté Saint-Martin

Saint Joseph, travailleur

Couleur liturgique : blanc

En 1955, le pape Pie XII a placé le 1er mai sous le patronage de saint Joseph qui « personnifie auprès de Dieu et de la sainte Église la dignité du travailleur ».

Antienne d'ouverture

Heureux qui craint le Seigneur : et marche selon ses voies. Tu te nourriras du travail de tes mains : Heureux es-tu ! À toi, le bonheur ! Alléluia ! (Ps 127, 1-2)

Prière

Dieu, créateur de l'univers, tu as donné au genre humain la loi du travail ; en ta bonté, accorde-nous d'accomplir, à l'exemple du bienheureux Joseph et sous sa protection, les tâches que tu nous confies, et de recevoir la récompense que tu promets. Par Jésus… ***— Amen.***

Prière sur les offrandes

Dieu, source de toute miséricorde, regarde les présents que nous déposons devant toi en faisant mémoire du bienheureux Joseph : dans ta bonté, permets que ces offrandes deviennent le secours de ceux qui te supplient. Par le Christ, notre Seigneur. ***— Amen.***

Préface de saint Joseph, p. 226.

Antienne de la communion

Tout ce que vous dites,
tout ce que vous faites, que ce soit
toujours au nom du Seigneur Jésus,
en offrant par lui votre action
de grâce à Dieu le Père, alléluia.
(cf. Col 3, 17)

Prière après la communion

Tu nous as rassasiés, Seigneur, des joies du ciel, et nous te supplions encore : fais-nous témoigner, comme le bienheureux Joseph, de la charité que tu as répandue dans nos cœurs ; et nous goûterons pour toujours le fruit de la paix. Par le Christ, notre Seigneur. ***— Amen.***

MARDI 2 MAI 2023

4E SEMAINE DE PÂQUES COULEUR LITURGIQUE : BLANC

Saint Athanase

Patriarche d'Alexandrie (Égypte) au IVe siècle. Malgré cinq exils, il lutta avec constance et courage contre l'arianisme qui niait la divinité du Christ.

Antienne d'ouverture

Dans son Église, le Seigneur lui a donné la parole ; il l'a rempli de l'esprit de sagesse et d'intelligence, et l'a revêtu de gloire, alléluia. (cf. Si 15, 5)

Prière

Dieu éternel et tout-puissant, tu as appelé le bienheureux évêque Athanase à devenir un défenseur remarquable de la divinité de ton Fils ; alors que nous nous réjouissons de son enseignement et de sa protection, accorde-nous, dans ta bienveillance, de te connaître toujours mieux et de t'aimer davantage. Par Jésus… — ***Amen.***

Lecture

du livre des Actes des Apôtres (11, 19-26)

« Certains s'adressaient aux gens de langue grecque pour leur annoncer la Bonne Nouvelle »

En ces jours-là, les frères dispersés par la tourmente qui se produisit lors de l'affaire d'Étienne allèrent jusqu'en Phénicie, puis à Chypre et Antioche, sans annoncer la Parole à personne d'autre qu'aux Juifs. Parmi eux, il y en avait qui étaient originaires de Chypre et de Cyrène, et qui, en arrivant à Antioche, s'adressaient aussi aux gens de langue grecque pour leur annoncer la Bonne Nouvelle : Jésus est le Seigneur. La main du Seigneur était

MARDI 2 MAI 2023

avec eux : un grand nombre de gens devinrent croyants et se tournèrent vers le Seigneur. La nouvelle parvint aux oreilles de l'Église de Jérusalem, et l'on envoya Barnabé jusqu'à Antioche. À son arrivée, voyant la grâce de Dieu à l'œuvre, il fut dans la joie. Il les exhortait tous à rester d'un cœur ferme attachés au Seigneur. C'était en effet un homme de bien, rempli d'Esprit Saint et de foi. Une foule considérable s'attacha au Seigneur. Barnabé partit alors à Tarse chercher Saul. L'ayant trouvé, il l'amena à Antioche. Pendant toute une année, ils participèrent aux assemblées de l'Église, ils instruisirent une foule considérable. Et c'est à Antioche que, pour la première fois, les disciples reçurent le nom de « chrétiens ». – Parole du Seigneur.

Psaume 86 (87)

℟ ***Louez le Seigneur, tous les peuples !***
OU ***Alléluia !***

Elle est fondée sur les montagnes saintes.
Le Seigneur aime les portes de Sion
plus que toutes les demeures de Jacob.
Pour ta gloire on parle de toi, ville de Dieu ! ℟

« Je cite l'Égypte et Babylone
entre celles qui me connaissent. »
Voyez Tyr, la Philistie, l'Éthiopie :
chacune est née là-bas.

Mais on appelle Sion : « Ma mère ! »
car en elle, tout homme est né.
C'est lui, le Très-Haut,
qui la maintient. ℟

Au registre des peuples, le Seigneur écrit :
« Chacun est né là-bas. »
Tous ensemble ils dansent, et ils chantent :
« En toi, toutes nos sources ! » ℟

Acclamation de l'Évangile

Alléluia. Alléluia. Mes brebis écoutent ma voix, dit le Seigneur ; moi, je les connais, et elles me suivent. ***Alléluia.***

Évangile de Jésus Christ

selon saint Jean (10, 22-30)

« Le Père et moi, nous sommes UN *»*

On célébrait la fête de la dédicace du Temple à Jérusalem. C'était l'hiver. Jésus allait et venait dans le Temple, sous la colonnade de Salomon. Les Juifs firent cercle autour de lui ; ils lui disaient : « Combien de temps vas-tu nous tenir en haleine ? Si c'est toi le Christ, dis-le nous ouvertement ! » Jésus leur répondit : « Je vous l'ai dit, et vous ne croyez pas. Les œuvres que je fais, moi, au nom de mon Père, voilà ce qui me rend témoignage. Mais vous, vous ne croyez pas, parce que vous n'êtes pas de mes brebis. Mes brebis écoutent ma voix ; moi, je les connais, et elles me suivent. Je leur donne la vie éternelle : jamais elles ne périront, et personne ne les arrachera de ma main. Mon Père, qui me les a données, est plus grand que tout, et personne ne peut les arracher de la main du Père. Le Père et moi, nous sommes UN. **»**

Prière sur les offrandes

Regarde, Seigneur, les offrandes que nous te présentons en faisant mémoire du bienheureux Athanase ; que la confession de ta vérité conduise au salut ceux qui gardent la foi pure qui fut la sienne. Par le Christ, notre Seigneur. ***— Amen.***

Préface du temps pascal, p. 222.

Antienne de la communion

La pierre de fondation,
personne ne peut en poser
d'autre que celle qui s'y trouve :
Jésus Christ, alléluia.
(1 Co 3, 11)

Prière après la communion

Nous t'en prions, Dieu tout-puissant : puisqu'avec le bienheureux Athanase, nous confessons fermement la divinité de ton Fils unique, lui qui est vraiment Dieu, qu'il nous procure dans ce sacrement vie et force pour toujours. Lui qui… ***— Amen.***

INVITATION

Barnabé exhortait les croyants d'Antioche à rester d'un cœur ferme attachés au Seigneur. Aujourd'hui encore, je peux faire mienne cette invitation.

COMMENTAIRE

Une question d'écoute

Jean 10, 22-30

Dans le Temple, les Juifs s'impatientent devant Jésus – « Combien de temps vas-tu nous tenir en haleine ? » – comme nous pouvons, nous aussi, nous impatienter. Car enfin, s'il est Dieu, pourquoi ne le montre-t-il pas clairement ? Pourquoi ne se manifeste-t-il pas lorsque semblent triompher l'injustice et la haine ? Jésus n'apporte pas de réponse à ces questions. Plus humblement, il nous invite à l'écouter et à marcher à sa suite. Là se trouve notre joie ! ■

***Bertrand Lesoing**, prêtre de la communauté Saint-Martin*

MERCREDI 3 MAI 2023

COULEUR LITURGIQUE : ROUGE

Saint Philippe et saint Jacques

Ier siècle. Deux des douze Apôtres. Natif de Bethsaïde comme Simon-Pierre et André, Philippe fut appelé par Jésus à le suivre. Jacques, fils d'Alphée, est aussi appelé le Mineur.

Antienne d'ouverture

Voici les saints Philippe et Jacques :
le Seigneur les a vraiment aimés, il les a choisis
et leur a donné une gloire éternelle, alléluia.

Gloire à Dieu (p. 218)

Prière

Seigneur Dieu, tu nous réjouis chaque année par la fête des apôtres Philippe et Jacques ; à leur prière, accorde-nous d'être associés à la passion et à la résurrection de ton Fils unique, afin de parvenir ainsi à te contempler pour l'éternité. Par Jésus… ***— Amen.***

Lectures propres à la fête de saint Philippe et saint Jacques.

Lecture

de la première lettre de saint Paul apôtre aux Corinthiens (15, 1-8)

« Il est apparu à Jacques, puis à tous les Apôtres »

Frères, je vous rappelle la Bonne Nouvelle que je vous ai annoncée ; cet Évangile, vous l'avez reçu ; c'est en lui que vous tenez bon, c'est par lui que vous serez sauvés si vous le gardez tel que je vous l'ai annoncé ;

autrement, c'est pour rien que vous êtes devenus croyants. Avant tout, je vous ai transmis ceci, que j'ai moi-même reçu : le Christ est mort pour nos péchés conformément aux Écritures, et il fut mis au tombeau ; il est ressuscité le troisième jour conformément aux Écritures, il est apparu à Pierre, puis aux Douze ; ensuite il est apparu à plus de cinq cents frères à la fois – la plupart sont encore vivants, et quelques-uns sont endormis dans la mort –, ensuite il est apparu à Jacques, puis à tous les Apôtres. Et en tout dernier lieu, il est même apparu à l'avorton que je suis.

– Parole du Seigneur.

Psaume 18A (19)

℟ ***Par toute la terre s'en va leur message.***

OU

Alléluia.

Les cieux proclament la gl<u>o</u>ire de Dieu,
le firmament raconte l'ouvr<u>a</u>ge de ses mains.
Le jour au jour en l<u>i</u>vre le récit
et la nuit à la nuit en d<u>o</u>nne connaissance. ℟

Pas de par<u>o</u>les dans ce récit,
pas de v<u>o</u>ix qui s'entende ;
mais sur toute la terre en par<u>a</u>ît le message
et la nouvelle, aux lim<u>i</u>tes du monde. ℟

Acclamation de l'Évangile

Alléluia. Alléluia. Moi, je suis le Chemin, la Vérité et la Vie, dit le Seigneur. Philippe, celui qui m'a vu a vu le Père. ***Alléluia.***

Évangile de Jésus Christ

selon saint Jean (14, 6-14)

« Il y a si longtemps que je suis avec vous, et tu ne me connais pas ! »

En ce temps-là, Jésus dit à Thomas : « Moi, je suis le Chemin, la Vérité et la Vie ; personne ne va vers le Père sans passer par moi. Puisque vous me connaissez, vous connaîtrez aussi mon Père. Dès maintenant vous le connaissez, et vous l'avez vu. » Philippe lui dit : « Seigneur, montre-nous le Père ; cela nous suffit. » Jésus lui répond : « Il y a si longtemps que je suis avec vous, et tu ne me connais pas, Philippe ! Celui qui m'a vu a vu le Père. Comment peux-tu dire : "Montre-nous le Père" ? Tu ne crois donc pas que je suis dans le Père et que le Père est en moi ! Les paroles que je vous dis, je ne les dis pas de moi-même ; le Père qui demeure en moi fait ses propres œuvres. Croyez-moi : je suis dans le Père, et le Père est en moi ; si vous ne me croyez pas, croyez du moins à cause des œuvres elles-mêmes. Amen, amen, je vous le dis : celui qui croit en moi fera les œuvres que je fais. Il en fera même de plus grandes, parce que je pars vers le Père, et tout ce que vous demanderez en mon nom, je le ferai, afin que le Père soit glorifié dans le Fils. Quand vous me demanderez quelque chose en mon nom, moi, je le ferai. »

Prière sur les offrandes

Reçois les offrandes que nous t'apportons, Seigneur, en la fête des apôtres Philippe et Jacques ; accorde-nous de pratiquer d'une manière irréprochable et pure la religion qu'ils ont enseignée. Par le Christ, notre Seigneur. ***— Amen.***

Préface des Apôtres, p. 227.

Antienne de la communion

« Seigneur, dit Philippe, montre-nous le Père ; cela nous suffit. » Jésus répondit : « Philippe, qui me voit, voit le Père », alléluia. (cf. Jn 14, 8-9)

Prière après la communion

Purifie nos esprits, Seigneur, par cette communion à tes mystères : ainsi, avec les apôtres Philippe et Jacques, nous pourrons te contempler dans le Fils et obtenir la vie éternelle. Par le Christ, notre Seigneur. ***— Amen.***

INVITATION

Jésus est le Chemin, la Vérité et la Vie. Convaincu que le Seigneur me l'accordera, je lui confie ma demande dans une prière.

COMMENTAIRE

De Père en Fils

Jean 14, 6-14

À la demande de Philippe – « Montre-nous le Père » –, Jésus semble répondre presque sèchement : « Il y a si longtemps que je suis avec vous et tu ne me connais pas, Philippe. » Mais au fond, qu'importe, car cette demande est aussi une occasion pour Jésus de montrer un peu plus le chemin qui mène au Père. Ne nous lassons jamais de présenter au Seigneur nos désirs, nos attentes, nos requêtes, même lorsqu'il semble les repousser ! ■

Bertrand Lesoing, *prêtre de la communauté Saint-Martin*

Temps pascal, *messe de la férie*

Antienne d'ouverture

Dieu, quand tu sortis en avant de ton peuple, quand tu marchas dans le désert, la terre trembla ; les cieux même fondirent devant la face de Dieu, alléluia. (Ps 67, 8-9)

Prière

Seigneur Dieu, tu relèves la nature humaine bien au-dessus de sa condition originelle ; souviens-toi de l'ineffable mystère de ton amour : garde en ta grâce et ta bénédiction ceux que le sacrement de la nouvelle naissance a régénérés. Par Jésus… ***— Amen.***

Lecture

du livre des Actes des Apôtres (13, 13-25)

« De la descendance de David, Dieu a fait sortir un sauveur : c'est Jésus »

Quittant l'île de Chypre pour l'Asie Mineure, Paul et ceux qui l'accompagnaient s'embarquèrent à Paphos et arrivèrent à Pergé en Pamphylie. Mais Jean-Marc les abandonna pour s'en retourner à Jérusalem. Quant à eux, ils poursuivirent leur voyage au-delà de Pergé et arrivèrent à Antioche de Pisidie. Le jour du sabbat, ils entrèrent à la synagogue et prirent place. Après la lecture de la Loi et des Prophètes,

les chefs de la synagogue leur envoyèrent dire : « Frères, si vous avez une parole d'exhortation pour le peuple, parlez. » Paul se leva, fit un signe de la main et dit : « Israélites, et vous aussi qui craignez Dieu, écoutez : Le Dieu de ce peuple, le Dieu d'Israël a choisi nos pères ; il a fait grandir son peuple pendant le séjour en Égypte et il l'en a fait sortir à bras étendu. Pendant une quarantaine d'années, il les a supportés au désert et, après avoir exterminé tour à tour sept nations au pays de Canaan, il a partagé pour eux ce pays en héritage. Tout cela dura environ quatre cent cinquante ans. Ensuite, il leur a donné des juges, jusqu'au prophète Samuel. Puis ils demandèrent un roi, et Dieu leur donna Saül, fils de Kish, homme de la tribu de Benjamin, pour quarante années. Après l'avoir rejeté, Dieu a, pour eux, suscité David comme roi, et il lui a rendu ce témoignage : *J'ai trouvé David, fils de Jessé ; c'est un homme selon mon cœur qui réalisera toutes mes volontés.* De la descendance de David, Dieu, selon la promesse, a fait sortir un sauveur pour Israël : c'est Jésus, dont Jean le Baptiste a préparé l'avènement en proclamant avant lui un baptême de conversion pour tout le peuple d'Israël. Au moment d'achever sa course, Jean disait : “Ce que vous pensez que je suis, je ne le suis pas. Mais le voici qui vient après moi, et je ne suis pas digne de retirer les sandales de ses pieds.” »

– Parole du Seigneur.

Psaume 88 (89)

℟ ***Ton amour, Seigneur, sans fin je le chante !***
OU ***Alléluia !***

L'amour du Seigneur, sans fin je le chante ;
ta fidélité, je l'annonce d'âge en âge.
Je le dis : C'est un amour bâti pour toujours ;
ta fidélité est plus stable que les cieux. ℟

« J'ai trouvé David, mon serviteur,
je l'ai sacré avec mon huile sainte ;
et ma main sera pour toujours avec lui,
mon bras fortifiera son courage. ℟

« Mon amour et ma fidélité sont avec lui,
mon nom accroît sa vigueur ;
Il me dira : "Tu es mon Père,
mon Dieu, mon roc et mon salut !" » ℟

Acclamation de l'Évangile

Alléluia. Alléluia. Jésus Christ, témoin fidèle, premier-né d'entre les morts, tu nous aimes, et par ton sang tu nous délivres du péché. ***Alléluia.***

Évangile de Jésus Christ

selon saint Jean (13, 16-20)

« Si quelqu'un reçoit celui que j'envoie, il me reçoit moi-même »

Après avoir lavé les pieds de ses disciples, Jésus parla ainsi : « Amen, amen, je vous le dis : un serviteur n'est pas plus grand que son maître, ni un envoyé plus grand que celui qui l'envoie. Sachant cela, heureux êtes-vous, si vous le faites. Ce n'est pas de vous tous que je parle. Moi, je sais quels sont ceux que j'ai choisis, mais il faut que

s'accomplisse l'Écriture : *Celui qui mange le pain avec moi m'a frappé* du talon.* Je vous dis ces choses dès maintenant, avant qu'elles n'arrivent ; ainsi, lorsqu'elles arriveront, vous croirez que moi, JE SUIS. Amen, amen, je vous le dis : si quelqu'un reçoit celui que j'envoie, il me reçoit moi-même ; et celui qui me reçoit, reçoit Celui qui m'a envoyé. »

Prière sur les offrandes

Que nos prières montent vers toi, Seigneur, avec ces offrandes pour le sacrifice ; dans ta bonté, purifie-nous, et nous serons mieux préparés au sacrement de ton amour infini. Par le Christ, notre Seigneur. — ***Amen.*** *Préface du temps pascal, p. 222.*

Antienne de la communion

Je suis avec vous tous les jours,
jusqu'à la fin du monde,
alléluia. (Mt 28, 20)

Prière après la communion

Dieu éternel et tout-puissant, dans la résurrection du Christ, tu nous recrées pour la vie éternelle ; multiplie en nous les fruits du sacrement pascal : répands en nos cœurs la force de cette nourriture qui apporte le salut. Par le Christ, notre Seigneur. — ***Amen.***

INVITATION

En priant pour les groupes et les mouvements ecclésiaux,
je peux m'associer à l'intention de prière du pape pour ce mois (lire p. 6).

COMMENTAIRE

Service fraternel Jean 13, 16-20

« Heureux êtes-vous si vous le faites », dit Jésus à ses disciples. Heureux sont-ils si, comme lui, ils lavent les pieds de leurs frères et sœurs. Alors que son heure est arrivée, alors que la Passion s'approche et qu'il a partagé le dernier repas avec ses disciples, Jésus énonce cette béatitude du service. Aucune circonstance extérieure, aucun drame ne peuvent nous empêcher de servir la fraternité. ■

Bertrand Lesoing, prêtre de la communauté Saint-Martin

CLÉ DE LECTURE

« Celui qui mange le pain avec moi m'a frappé » Jean 13, 18 *(p. 30)*

Au cours du dernier repas de Jésus, cette citation du psaume 40 (41) semble une annonce de la trahison de Judas, à qui Jésus donnera ensuite une bouchée. Mais, avant qu'il soit nommé, il faut entendre l'invitation faite aux disciples de se faire serviteurs les uns des autres à la suite du Maître. Alors, la phrase du psaume retentit comme un avertissement sévère adressé à chacun. Jésus rappelle à ses disciples, à chacun de nous, à quel point la fidélité humaine est fragile, et la trahison toujours possible. Il ne suffit pas de manger le pain qu'il nous donne car, le recevant, nous pouvons aussi bien être infidèles et le bafouer. Il s'agit de reconnaître et de confesser qu'en lui, c'est Dieu qui se livre à nous et nous fait confiance. Qu'en faisons-nous ? ■

Roselyne Dupont-Roc, bibliste

VENDREDI 5 MAI 2023

4^E SEMAINE DE PÂQUES COULEUR LITURGIQUE : BLANC

Temps pascal, *messe de la férie*

Antienne d'ouverture

Tu nous as rachetés par ton sang, Seigneur, de toute tribu, langue, peuple et nation : tu as fait de nous pour notre Dieu un royaume et des prêtres, alléluia. (cf. Ap 5, 9-10)

Prière

Seigneur Dieu, à toi nous devons le salut et la liberté ; écoute la voix de ceux qui te supplient ; tu les as rachetés par le sang de ton Fils : qu'ils puissent vivre de toi et se réjouir de trouver en toi un abri pour toujours. Par Jésus… ***— Amen.***

Lecture

du livre des Actes des Apôtres (13, 26-33)

« La promesse, Dieu l'a pleinement accomplie en ressuscitant Jésus »

En ces jours-là, Paul vint à Antioche de Pisidie. Dans la synagogue, il disait : « Vous, frères, les fils de la lignée d'Abraham et ceux parmi vous qui craignent Dieu, c'est à nous que la parole du salut a été envoyée. En effet, les habitants de Jérusalem et leurs chefs ont méconnu Jésus, ainsi que les paroles des prophètes qu'on lit chaque sabbat ; or, en le jugeant, ils les ont accomplies. Sans avoir trouvé en lui aucun motif de condamnation à mort, ils ont demandé à Pilate qu'il soit supprimé. Et, après avoir

accompli tout ce qui était écrit de lui, ils l'ont descendu du bois de la croix et mis au tombeau. Mais Dieu l'a ressuscité d'entre les morts. Il est apparu pendant bien des jours à ceux qui étaient montés avec lui de Galilée à Jérusalem, et qui sont maintenant ses témoins devant le peuple. Et nous, nous vous annonçons cette Bonne Nouvelle : la promesse faite à nos pères, Dieu l'a pleinement accomplie pour nous, leurs enfants, en ressuscitant Jésus, comme il est écrit au psaume deux : *Tu es mon fils ; moi, aujourd'hui, je t'ai engendré.* »

– Parole du Seigneur.

Psaume 2

℟ ***Tu es mon fils ; moi, aujourd'hui, je t'ai engendré.***

OU ***Alléluia !***

Pourquoi ce tumulte des nations,
ce vain murmure des peuples ?
Le Seigneur m'a dit : « Tu es mon fils ;
moi, aujourd'hui, je t'ai engendré. ℟

« Demande, et je te donne
en héritage les nations,
pour domaine la terre tout entière.
Tu les détruiras de ton sceptre de fer,
tu les briseras comme un vase de potier. » ℟

Maintenant, rois, comprenez,
reprenez-vous, juges de la terre.
Servez le Seigneur avec crainte,
rendez-lui votre hommage en tremblant. ℟

Acclamation de l'Évangile

Alléluia. Alléluia. Moi, je suis le Chemin, la Vérité et la Vie, dit le Seigneur. Personne ne va vers le Père sans passer par moi. ***Alléluia.***

Évangile de Jésus Christ

selon saint Jean (14, 1-6)

« Moi, je suis le Chemin, la Vérité et la Vie »

En ce temps-là, Jésus disait à ses disciples : « Que votre cœur ne soit pas bouleversé : vous croyez en Dieu, croyez aussi en moi. Dans la maison de mon Père, il y a de nombreuses demeures ; sinon, vous aurais-je dit : "Je pars vous préparer une place" ? Quand je serai parti vous préparer une place, je reviendrai et je vous emmènerai auprès de moi, afin que là où je suis, vous soyez, vous aussi. Pour aller où je vais, vous savez le chemin. » Thomas lui dit : « Seigneur, nous ne savons pas où tu vas. Comment pourrions-nous savoir le chemin ? » Jésus lui répond : « Moi, je suis le Chemin, la Vérité et la Vie ; personne ne va vers le Père sans passer par moi. »

Prière sur les offrandes

Reçois avec bonté les offrandes de ta famille, nous t'en prions, Seigneur, garde-la sous ta protection : qu'elle ne perde aucun des bienfaits déjà reçus, et parvienne aux dons éternels. Par le Christ, notre Seigneur. — ***Amen.***

Préface du temps pascal, p. 222.

Antienne de la communion

Le Christ, notre Seigneur,
livré pour nos fautes,
est ressuscité
pour nous rendre justes,
alléluia. (cf. Rm 4, 25)

Prière après la communion

Nous t'en prions, Seigneur, ne cesse pas de protéger avec tendresse ceux que tu as sauvés : la passion de ton Fils les a rachetés, qu'ils trouvent leur joie dans sa résurrection. Lui qui… ***— Amen.***

INVITATION

Je choisis un geste de sobriété pour aujourd'hui, qui sera mon offrande.

COMMENTAIRE

Place réservée Jean 14, 1-6

« Que votre cœur ne soit pas bouleversé » : les mots du Christ sont encourageants… mais pas très faciles à mettre en œuvre. Notre cœur, en effet, a souvent bien des raisons d'être bouleversé. À travers cette parole, le Seigneur ne nous invite pas à l'indifférence ou à la froideur du cœur. Il nous invite plutôt à l'espérance : « Je pars vous préparer une place. » Quelles que soient les épreuves, nous savons que nous avons une place auprès du cœur de Dieu. ■

Bertrand Lesoing, *prêtre de la communauté Saint-Martin*

SAMEDI 6 MAI 2023

4E SEMAINE DE PÂQUES COULEUR LITURGIQUE : BLANC

Temps pascal, *messe de la férie*

Antienne d'ouverture

Peuple racheté par Dieu, vous tous, annoncez les merveilles de celui qui vous a appelés des ténèbres à son admirable lumière, alléluia. (cf. 1 P 2, 9)

Prière

Seigneur Dieu, durant ces fêtes pascales, tu procures au monde, dans ta bonté, les secours venant du ciel ; que ton pardon accompagne l'Église, afin que par sa conduite en ce temps elle progresse vers la vie éternelle. Par Jésus… ***— Amen.***

Lecture

du livre des Actes des Apôtres (13, 44-52)

« Eh bien ! nous nous tournons vers les nations païennes »

Le sabbat qui suivait la première prédication de Paul à Antioche de Pisidie, presque toute la ville se rassembla pour entendre la parole du Seigneur. Quand les Juifs virent les foules, ils s'enflammèrent de jalousie ; ils contredisaient les paroles de Paul et l'injuriaient. Paul et Barnabé leur déclarèrent avec assurance : « C'est à vous d'abord qu'il était nécessaire d'adresser la parole de Dieu. Puisque vous la rejetez et que vous-mêmes ne vous jugez pas dignes de la vie éternelle, eh bien ! nous nous tournons vers les nations païennes*. C'est le commandement que le Seigneur nous

a donné : *J'ai fait de toi la lumière des nations pour que, grâce à toi, le salut parvienne jusqu'aux extrémités de la terre.* » En entendant cela, les païens étaient dans la joie et rendaient gloire à la parole du Seigneur ; tous ceux qui étaient destinés à la vie éternelle devinrent croyants. Ainsi la parole du Seigneur se répandait dans toute la région. Mais les Juifs provoquèrent l'agitation parmi les femmes de qualité adorant Dieu, et parmi les notables de la cité ; ils se mirent à poursuivre Paul et Barnabé, et les expulsèrent de leur territoire. Ceux-ci secouèrent contre eux la poussière de leurs pieds et se rendirent à Iconium, tandis que les disciples étaient remplis de joie et d'Esprit Saint.
– Parole du Seigneur.

Psaume 97 (98)

℟ ***La terre tout entière a vu le salut que Dieu nous donne.***
OU ***Alléluia !***

Chantez au Seigneur un chant nouveau,
car il a fait des merveilles ;
par son bras très saint, par sa main puissante,
il s'est assuré la victoire. ℟

Le Seigneur a fait connaître sa victoire,
et révélé sa justice aux nations ;
il s'est rappelé sa fidélité, son amour,
en faveur de la maison d'Israël. ℟

La terre tout entière a vu
la victoire de notre Dieu.
Acclamez le Seigneur, terre entière,
sonnez, chantez, jouez ! ℟

Acclamation de l'Évangile

Alléluia. Alléluia. Si vous demeurez dans ma parole, vous êtes vraiment mes disciples ; alors vous connaîtrez la vérité, dit le Seigneur. ***Alléluia.***

Évangile de Jésus Christ

selon saint Jean (14, 7-14)

« Celui qui m'a vu a vu le Père »

En ce temps-là, Jésus disait à ses disciples : « Puisque vous me connaissez, vous connaîtrez aussi mon Père. Dès maintenant vous le connaissez, et vous l'avez vu. » Philippe lui dit : « Seigneur, montre-nous le Père ; cela nous suffit. » Jésus lui répond : « Il y a si longtemps que je suis avec vous, et tu ne me connais pas, Philippe ! Celui qui m'a vu a vu le Père. Comment peux-tu dire : "Montre-nous le Père" ? Tu ne crois donc pas que je suis dans le Père et que le Père est en moi ! Les paroles que je vous dis, je ne les dis pas de moi-même ; le Père qui demeure en moi fait ses propres œuvres. Croyez-moi : je suis dans le Père, et le Père est en moi ; si vous ne me croyez pas, croyez du moins à cause des œuvres elles-mêmes. Amen, amen, je vous le dis : celui qui croit en moi fera les œuvres que je fais. Il en fera même de plus grandes, parce que je pars vers le Père, et tout ce que vous demanderez en mon nom, je le ferai, afin que le Père soit glorifié dans le Fils. Quand vous me demanderez quelque chose en mon nom, moi, je le ferai. »

Prière sur les offrandes

Dans ta bonté, sanctifie ces dons, nous t'en prions, Seigneur ; accepte le sacrifice spirituel que nous t'offrons, et fais de nous-mêmes une éternelle offrande pour toi. Par le Christ, notre Seigneur. **— *Amen.***

Préface du temps pascal, p. 222.

Antienne de la communion

Père, ceux que tu m'as donnés,
je veux que là où je suis,
ils soient eux aussi avec moi,
et qu'ils contemplent ma gloire,
celle que tu m'as donnée, alléluia.
(Jn 17, 24)

Prière après la communion

Seigneur, nous avons reçu les dons qui nous ont fait participer aux saints mystères, et nous te prions humblement : ton Fils nous a demandé de les célébrer en mémoire de lui, qu'ils augmentent en nous la charité. Par le Christ, notre Seigneur. **— *Amen.***

INVITATION

« Les disciples étaient remplis de joie et d'Esprit Saint. »
Et moi, qu'est-ce qui me remplit de joie et d'Esprit Saint ?

COMMENTAIRE

Et pourtant, pourtant… Jean 14, 7-14

« Quand vous me demanderez quelque chose en mon nom, moi, je le ferai. » « À d'autres ! », serions-nous tentés de répondre au Seigneur, si souvent resté sourd à nos demandes. Et pourtant, notre Dieu est fidèle. Ses pensées ne sont pas nos pensées, ses chemins ne sont pas nos chemins. Il peut nous surprendre, voire nous désarçonner, mais aucun de nos désirs profonds ne lui est étranger. ■

***Bertrand Lesoing**, prêtre de la communauté Saint-Martin*

✻ CLÉ DE LECTURE

« Vers les nations païennes » Actes 13, 46 *(p. 36)*

Isolé et sorti de son contexte, le verset 46 fait trembler, car sa lecture a très tôt conduit à une effroyable conception, qui a pris le nom de « théologie de la substitution », comme si l'Église naissante pouvait se substituer à Israël, prendre la place du peuple premier-né, bien-aimé de Dieu ! Au contraire, le discours rappelle aussitôt le rôle d'Israël, lumière des nations pour leur porter le salut de Dieu. Certes, dans la stratégie missionnaire décrite par les Actes, l'hostilité de responsables juifs dans l'Empire a précipité l'annonce de l'Évangile aux non-Juifs. Mais Paul l'avait prévu : ce jeu de fidélité alternante entre Juifs et païens doit conduire les uns et les autres à mieux accueillir le pardon de Dieu qui les attend (cf. Rm 11, 30-32). ■

***Roselyne Dupont-Roc**, bibliste*

DIMANCHE 7 MAI 2023

5e DIMANCHE DE PÂQUES

ANNÉE A – COULEUR LITURGIQUE : BLANC

« Je pars vous préparer une place. » Pierre vivante, le Christ Ressuscité nous invite à apporter notre part à la construction de nos communautés chrétiennes, par-delà les tensions inévitables. Il n'y a pas d'opposition entre le service de la Parole et celui de la charité, entre le service de la prière et celui de la table. Dans la maison du Père, il y a de nombreuses demeures.

RITES INITIAUX

Chant d'entrée *(Suggestions p. 246)*
OU
Antienne d'ouverture
Chantez au Seigneur un chant nouveau, car il a fait des merveilles ; aux nations, il a révélé sa justice, alléluia. (cf. Ps 97, 1-2)

Suggestion de préparation pénitentielle *(ou p. 215)*
Dieu nous appelle des ténèbres à son admirable lumière. Reconnaissons nos ténèbres intérieures et demandons pardon pour tous nos péchés.

Seigneur Jésus, Chemin vers le Père, béni sois-tu et prends pitié de nous.
— Béni sois-tu et prends pitié de nous.
Ô Christ, Vérité de Dieu, béni sois-tu et prends pitié de nous.
— Béni sois-tu et prends pitié de nous.
Seigneur, tu es la Vie véritable, béni sois-tu et prends pitié de nous.
— Béni sois-tu et prends pitié de nous.

Que Dieu tout-puissant nous fasse miséricorde ; qu'il nous pardonne nos péchés et nous conduise à la vie éternelle. ***— Amen.***

Gloire à Dieu *(p. 218)*

Prière
Dieu éternel et tout-puissant, continue d'accomplir en nous le mystère pascal; soutiens et protège ceux que tu as voulu renouveler dans le saint baptême : qu'ils portent beaucoup de fruits et parviennent aux joies de la vie éternelle. Par Jésus… — ***Amen.***

LITURGIE DE LA PAROLE

Lecture du livre des Actes des Apôtres (6, 1-7)

Ils choisirent sept hommes remplis d'Esprit Saint

En ces jours-là, comme le nombre des disciples augmentait, les frères de langue grecque récriminèrent contre ceux de langue hébraïque, parce que les veuves de leur groupe étaient désavantagées dans le service quotidien. Les Douze convoquèrent alors l'ensemble des disciples et leur dirent : « Il n'est pas bon que nous délaissions la parole de Dieu pour servir aux tables. Cherchez plutôt, frères, sept d'entre vous, des hommes qui soient estimés de tous, remplis d'Esprit Saint et de sagesse, et nous les établirons dans cette charge. En ce qui nous concerne, nous resterons assidus à la prière et au service de la Parole. » Ces propos plurent à tout le monde, et l'on choisit : Étienne, homme rempli de foi et d'Esprit Saint, Philippe, Procore, Nicanor, Timon, Parménas et Nicolas, un converti au judaïsme, originaire d'Antioche. On les présenta aux Apôtres, et après avoir prié, ils leur imposèrent les mains. La parole

de Dieu était féconde, le nombre des disciples se multipliait fortement à Jérusalem, et une grande foule de prêtres juifs parvenaient à l'obéissance de la foi. – Parole du Seigneur.

Psaume 32 (33)

℟ ***Alléluia !*** OU ***Que ton amour, Seigneur, soit sur nous comme notre espoir est en toi !***

T. : AELF; M. : J.-P. Hervy; Éd. : ADF.

Criez de joie pour le Seigneur, hommes justes !
Hommes droits, à vous la louange !
Rendez grâce au Seigneur sur la cithare,
jouez pour lui sur la harpe à dix cordes. ℟

Oui, elle est droite, la parole du Seigneur ;
il est fidèle en tout ce qu'il fait.
Il aime le bon droit et la justice ;
la terre est remplie de son amour. ℟

Dieu veille sur ce<u>u</u>x qui le craignent,
qui mettent leur esp<u>o</u>ir en son amour,
pour les délivr<u>e</u>r de la mort,
les garder en vie aux jo<u>u</u>rs de famine. ℟

Lecture de la première lettre de saint Pierre apôtre (2, 4-9)

« Vous êtes une descendance choisie, un sacerdoce royal »

Bien-aimés, approchez-vous du Seigneur Jésus : il est la pierre vivante rejetée par les hommes, mais choisie et précieuse devant Dieu. Vous aussi, comme pierres vivantes, entrez dans la construction de la demeure spirituelle, pour devenir le sacerdoce saint et présenter des sacrifices spirituels, agréables à Dieu, par Jésus Christ. En effet, il y a ceci dans l'Écriture : *Je vais poser en Sion une pierre angulaire, une pierre choisie, précieuse ; celui qui met en elle sa foi ne saurait connaître la honte.* Ainsi donc, honneur à vous les croyants, mais, pour ceux qui refusent de croire, il est écrit : *La pierre qu'ont rejetée les bâtisseurs est devenue la pierre d'angle, une pierre d'achoppement, un rocher sur lequel on trébuche.* Ils achoppent, ceux qui refusent d'obéir à la Parole, et c'est bien ce qui devait leur arriver. Mais vous, vous êtes une descendance choisie, un sacerdoce royal, une nation sainte, un peuple destiné au salut, pour que vous annonciez les merveilles de celui qui vous a appelés des ténèbres à son admirable lumière.

– Parole du Seigneur.

Acclamation de l'Évangile

Alléluia. Alléluia. Moi, je suis le Chemin, la Vérité et la Vie, dit le Seigneur. Personne ne va vers le Père sans passer par moi. ***Alléluia.***

IU 56-65; M. : P. Robert; Bayard Liturgie.

Évangile de Jésus Christ selon saint Jean (14, 1-12)

« Je suis le Chemin, la Vérité et la Vie »

En ce temps-là, Jésus disait à ses disciples : « Que votre cœur ne soit pas bouleversé : vous croyez en Dieu, croyez aussi en moi. Dans la maison de mon Père, il y a de nombreuses demeures ; sinon, vous aurais-je dit : "Je pars vous préparer une place" ? Quand je serai parti vous préparer une place, je reviendrai et je vous emmènerai auprès de moi, afin que là où je suis, vous soyez, vous

aussi. Pour aller où je vais, vous savez le chemin. » Thomas lui dit : « Seigneur, nous ne savons pas où tu vas. Comment pourrions-nous savoir le chemin ? » Jésus lui répond : « Moi, je suis le Chemin, la Vérité et la Vie ; personne ne va vers le Père sans passer par moi. Puisque vous me connaissez, vous connaîtrez aussi mon Père. Dès maintenant vous le connaissez, et vous l'avez vu. » Philippe lui dit : « Seigneur, montre-nous le Père ; cela nous suffit. » Jésus lui répond : « Il y a si longtemps que je suis avec vous, et tu ne me connais pas, Philippe ! Celui qui m'a vu a vu le Père. Comment peux-tu dire : "Montre-nous le Père" ? Tu ne crois donc pas que je suis dans le Père et que le Père est en moi ! Les paroles que je vous dis, je ne les dis pas de moi-même ; le Père qui demeure en moi fait ses propres œuvres. Croyez-moi : je suis dans le Père, et le Père est en moi ; si vous ne me croyez pas, croyez du moins à cause des œuvres elles-mêmes. Amen, amen, je vous le dis : celui qui croit en moi fera les œuvres que je fais. Il en fera même de plus grandes, parce que je pars vers le Père. »

Homélie

Profession de foi *(p. 219)*

Suggestion de prière universelle

Le prêtre :

Le Christ nous révèle qu'il est chemin vers le Père. Pleins de confiance en son amour, présentons-lui nos prières pour tous nos frères.

℟ ***Ô Christ ressuscité, exauce-nous.***

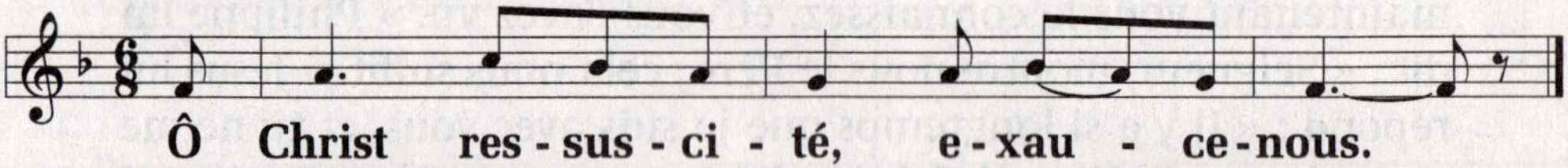

Missel noté de l'assemblée 35.32.

Le diacre ou un lecteur :

Comme nous y invite le pape François, prions pour que les mouvements d'Église redécouvrent leur mission évangélisatrice et qu'ils y travaillent dans un esprit synodal. Prions le Seigneur. ℟

Comme aux premiers temps de l'Évangile, prions pour que l'Église se fasse inventive dans ses ministères et qu'elle réponde aux besoins de nos communautés chrétiennes. Prions le Seigneur. ℟

Soucieux de l'avenir de notre monde, prions pour nos dirigeants qui rencontrent des tensions et des pressions nombreuses, afin que ton esprit de discernement les éclaire. Prions le Seigneur. ℟

En ce temps pascal, temps de l'espérance, prions pour ceux qui font face à l'épreuve de la mort, afin qu'ils rencontrent des chrétiens témoins de la Bonne Nouvelle, paisibles et compatissants. Prions le Seigneur. ℟

(Ces intentions seront adaptées ou modifiées selon les circonstances.)

Le prêtre :
Seigneur Jésus, toi qui nous prépares une demeure en ta maison et qui nous guides vers le Royaume, écoute toutes nos prières, toi qui règnes pour les siècles des siècles. ***— Amen.***

LITURGIE EUCHARISTIQUE

Prière sur les offrandes

Seigneur notre Dieu, dans l'admirable échange du sacrifice eucharistique, tu nous fais participer à ton unique et souveraine divinité ; nous avons reçu la connaissance de ta vérité : accorde-nous de lui être fidèles par toute notre vie. Par le Christ, notre Seigneur.
— Amen.

Prière eucharistique

(Préface du temps pascal, p. 222)

Chant de communion *(Suggestions p. 246)*

OU

Antienne de la communion

Je suis la vraie vigne, et vous, les sarments, dit le Seigneur.
Celui qui demeure en moi et en qui je demeure,
celui-là porte beaucoup de fruit, alléluia.
(Jn 15, 1. 5)

Prière après la communion
Dans ta bienveillance, reste auprès de ton peuple, nous t'en prions, Seigneur ; puisque tu l'as initié aux sacrements du ciel, fais-le passer de ce qui est ancien à la vie nouvelle. Par le Christ, notre Seigneur.
— Amen.

RITE DE CONCLUSION

Bénédiction solennelle
En ressuscitant son Fils unique, Dieu vous a accordé le bienfait de la rédemption, il a fait de vous ses enfants : qu'il vous donne la joie de sa bénédiction. **— Amen.**
Du Rédempteur, vous avez reçu d'être libres à jamais : qu'il vous accorde aussi d'avoir part à l'héritage éternel. **— Amen.**
Par la foi au Christ, dans le baptême vous êtes déjà ressuscités ; par la droiture de votre vie présente, puissiez-vous mériter de lui être unis dans la patrie du ciel. **— Amen.**
Et que la bénédiction de Dieu tout-puissant, le Père, et le Fils, ✛ et le Saint-Esprit, descende sur vous et y demeure toujours. **— Amen.**

Envoi

COMMENTAIRE DU DIMANCHE

Karem Bustica, rédactrice en chef de *Prions en Église*

Une prière très précieuse

« La parole de Dieu était féconde », proclame la première lecture de ce dimanche. En guise d'illustration, nous y découvrons une Église primitive interrogée par la rencontre des cultures différentes, pressée par le désir d'annoncer l'Évangile dans toutes les langues. C'est ainsi que naissent les premiers collaborateurs des Douze, que la Tradition assimile à des diacres. Leur mission, « servir aux tables », est de prêcher, partager le pain eucharistique et gérer la distribution des biens auprès des personnes les plus nécessiteuses de la communauté. La parole de Dieu veut parler toutes les langues et elle suscite tous les moyens d'y parvenir.

Dans sa lettre, Pierre évoque une image de la pierre pour témoigner de son expérience du Ressuscité. Le Christ est une pierre •••

••• taillée pour la construction, la pierre d'angle qui tient tout l'assemblage ; une pierre précieuse choisie par Dieu mais rejetée par les gens ; la pierre vivante qui donne vie aux croyants et les fait devenir des pierres vivantes à leur tour.
Solide comme un rocher, lumineux comme un diamant, Jésus est la parole de Dieu. Accepterons-nous la vie que cette Parole veut nous transmettre ? Ouvrirons-nous nos yeux et notre cœur à la vérité qu'elle cherche à nous révéler ? Choisirons-nous résolument d'emprunter le chemin qui nous conduit au Père ? C'est là une source de joie et d'infinie espérance. Jésus est le Chemin, la Vérité et la Vie !

De quel disciple de Jésus, dans cet évangile,
suis-je le plus proche ? Thomas ? Philippe ?
Quel chemin ouvert dans ma vie puis-je attribuer à Jésus ?
Selon moi, quelle image évoque au mieux Dieu le Père ? ■

Prions en Église junior

LIRE L'ÉVANGILE AVEC LES ENFANTS

CE QUE JE DÉCOUVRE

T'es-tu déjà promené en forêt ou à la montagne ?
Pour indiquer le chemin, il y a des panneaux.
Sans cela, tu pourrais te perdre !
La vie est comme une longue randonnée.
Parfois, nous risquons de nous perdre.
Heureusement, Jésus nous guide vers son Père : il est le Chemin, la Vérité et la Vie.
C'est lui qui a placé sur notre route les panneaux « Tu aimeras Dieu de tout ton cœur », « Tu aimeras ton prochain comme toi-même », « Heureux ceux qui pleurent, ils seront consolés ». Ces panneaux nous montrent le chemin vers Dieu et vers le bonheur.

CE QUE JE VIS

As-tu le souvenir d'une belle promenade ? Comment était-elle ?
Qui montrait le chemin ? Quelles paroles de Jésus te guident ?
Écris-les sur une feuille au centre de laquelle tu te dessines à côté de Jésus, en train de lui dire : « Merci. »

Texte : Thibault Van Den Driessche. Illustrations : Marcelino Truong

MÉDITATION BIBLIQUE

5E DIMANCHE DE PÂQUES

Évangile selon saint Jean 14, 1-12

Les trois critères de la Parole

Dans les moments de doute comme de réussite, le retour vers une Parole incarnée est source de vie.

Le temps de la préparation

« En ce qui nous concerne, nous resterons assidus à la prière et au service de la Parole. » (Ac 6, 4)

Le temps de l'observation

Jésus demande à ses disciples de croire en lui. Le propos peut sembler étrange, voire autocentré. Pourtant le moment est sérieux car la scène montre ses disciples en proie au doute, cherchant encore à comprendre ce qui se passe dans leur vie. Peut-être ont-ils déjà peur de se retrouver seuls et de ne plus arriver à continuer ? Jésus répond à leur inquiétude. En accord avec la tradition biblique, il les ramène aux paroles prononcées lors de moments passés ensemble. « Les paroles que je vous dis, je ne les dis pas de moi-même ; le Père qui demeure en moi fait ses propres œuvres. » Jésus explique ainsi que son souffle vient de Dieu, que les mots qui ont touché, rejoint, mis en vie les disciples viennent de Dieu et que cette source est accessible à tous. À la suite de Jésus, chacun peut incarner la Parole au sein de son existence. C'est ainsi que Jésus peut dire qu'il est « le Chemin, la Vérité et la Vie ». Se tourner vers la Parole est la réponse au doute.

Le temps de la méditation

Il y a quelque chose d'étrange et de réconfortant à repérer la centralité de la Parole qui anime la communauté chrétienne. Étrange car mettre la parole de Dieu au centre, ce n'est pas laisser un pouvoir ou une hiérarchie, un savoir ou un titre prendre le dessus. Jésus met au centre l'incarnation de la parole de Dieu, cette capacité à juger de la pertinence d'une personne, d'un projet ou d'un enseignement à trois critères réunis ensemble. Sa capacité à conduire vers un chemin, c'est-à-dire de nouvelles perspectives, une route possible, un avenir, des paysages à découvrir ou à revisiter. Que ce chemin soit un chemin de vérité et non de mensonge ou de fausseté, de lumière et non de ténèbres. Et qu'il mène vers une vie qui se reçoit. Tout cela nous entraîne bien loin des questions d'ego, de communication ou de charisme personnel. Jésus dégage ses disciples de tous les pièges d'une attitude égocentrique.

Le temps de la prière

« Amen, amen, je vous le dis : celui qui croit en moi fera les œuvres que je fais. » (Jn 14, 12) ■

Marie-Laure Durand,
bibliste

DES IMAGES POUR LA FOI

INSTITUTION DES DIACRES

Pour le service des tables

Devant les Apôtres et les disciples réunis, Pierre impose les mains à l'un des sept hommes de langue grecque choisis pour le service des tables.

Cette représentation de « l'institution des diacres » se trouve dans une église de Cappadoce (centre de la Turquie). Elle témoigne du renouveau de la peinture byzantine, un siècle après la crise iconoclaste (745-842) qui a vu les Églises d'Orient se déchirer sur la question des images. Nous sommes ici à une période charnière où les visages conservent les qualités des portraits antiques, tandis que la rigidité des corps et des plissés vestimentaires annonce déjà les codifications de l'art de l'icône. Sur le beau fond bleu lapis-lazuli, deux groupes d'hommes se font face. À gauche, ce sont les « Douze » et « l'ensemble des disciples » convoqués pour résoudre le problème du service des tables entre les communautés de culture judéenne et hellénistique (Ac 6, 1-2). À droite, les sept jeunes Grecs choisis pour ce service portent déjà une dalmatique, la tenue de chœur des diacres, tandis qu'au centre, Pierre, auréolé et portant un anneau d'évêque, impose les mains à l'un des diacres (Étienne, sans doute). L'image n'illustre pas simplement cet épisode du livre des Actes des Apôtres, elle nous montre qu'il se prolonge dans la vie ecclésiale et liturgique. ■ **Dominique Pierre**

Institution des diacres:
peinture murale (milieu du Xe siècle), église Tokali, Göreme (Turquie).

LUNDI 8 MAI 2023

5E SEMAINE DE PÂQUES COULEUR LITURGIQUE : BLANC

Temps pascal, *messe de la férie*

Antienne d'ouverture

Le bon pasteur est ressuscité,
lui qui a donné sa vie pour ses brebis,
lui qui a choisi de mourir
pour son troupeau, alléluia.

Prière

Nous t'en prions, Seigneur, entoure ta famille et que ta main droite la soutienne toujours ; ainsi, par la résurrection de ton Fils unique, qu'elle soit préservée de tout égarement et recherche les dons du ciel. Par Jésus… ***– Amen.***

Lecture

du livre des Actes des Apôtres (14, 5-18)

« Nous annonçons la Bonne Nouvelle : détournez-vous de ces vaines pratiques, et tournez-vous vers le Dieu vivant »

En ces jours-là, à Iconium, il y eut un mouvement chez les non-Juifs et chez les Juifs, avec leurs chefs, pour recourir à la violence et lapider Paul et Barnabé. Lorsque ceux-ci s'en aperçurent, ils se réfugièrent en Lycaonie dans les cités de Lystres et de Derbé et dans leurs territoires environnants. Là encore, ils annonçaient la Bonne Nouvelle.

Or, à Lystres, il y avait un homme qui était assis, incapable de se tenir sur ses pieds. Infirme de naissance, il n'avait jamais pu marcher. Cet homme écoutait les paroles de Paul. Celui-ci le fixa du regard et vit qu'il avait la foi pour être sauvé. Alors il lui dit d'une voix forte : « Lève-toi, tiens-toi droit sur tes pieds. » L'homme se dressa d'un bond : il marchait. En voyant ce que Paul venait de faire, les foules s'écrièrent en lycaonien : « Les dieux se sont faits pareils aux hommes, et ils sont descendus chez nous ! » Ils donnaient à Barnabé le nom de Zeus, et à Paul celui d'Hermès, puisque c'était lui le porte-parole. Le prêtre du temple de Zeus, situé hors de la ville, fit amener aux portes de celle-ci des taureaux et des guirlandes. Il voulait offrir un sacrifice avec les foules. Informés de cela, les Apôtres Barnabé et Paul déchirèrent leurs vêtements et se précipitèrent dans la foule en criant : « Pourquoi faites-vous cela ? Nous aussi, nous sommes des hommes pareils à vous, et nous annonçons la Bonne Nouvelle : détournez-vous de ces vaines pratiques, et tournez-vous vers le Dieu vivant, lui qui a fait le ciel, la terre, la mer, et tout ce qu'ils contiennent. Dans les générations passées, il a laissé toutes les nations suivre leurs chemins. Pourtant, il n'a pas manqué de donner le témoignage de ses bienfaits, puisqu'il vous a envoyé du ciel la pluie et des saisons fertiles pour vous combler de nourriture et de bien-être. »
En parlant ainsi, ils empêchèrent, mais non sans peine, la foule de leur offrir un sacrifice.
– Parole du Seigneur.

Psaume 113B (115)

℟ ***Non pas à nous, Seigneur, mais à ton nom, donne la gloire.***

OU

Alléluia !

Non pas à nous, Seigneur, non pas à nous,
mais à ton nom, donne la gloire,
pour ton amour et ta vérité.
Pourquoi les païens diraient-ils :
« Où donc est leur Dieu ? » ℟

Notre Dieu, il est au ciel ;
tout ce qu'il veut, il le fait.
Leurs idoles : or et argent,
ouvrages de mains humaines. ℟

Soyez bénis par le Seigneur
qui a fait le ciel et la terre !
Le ciel, c'est le ciel du Seigneur ;
aux hommes, il a donné la terre. ℟

Acclamation de l'Évangile

Alléluia. Alléluia. L'Esprit Saint vous enseignera tout, et il vous fera souvenir de tout ce que je vous ai dit. ***Alléluia.***

Évangile de Jésus Christ
selon saint Jean (14, 21-26)

« L'Esprit Saint que le Père enverra en mon nom, lui, vous enseignera tout »

En ce temps-là, Jésus disait à ses disciples : « Celui qui reçoit mes commandements et les garde, c'est celui-là qui m'aime ; et celui qui m'aime sera aimé de mon Père ; moi aussi, je l'aimerai, et je me manifesterai à lui. » Jude – non pas Judas l'Iscariote – lui demanda : « Seigneur, que se passe-t-il ? Est-ce à nous que tu vas te manifester, et non pas au monde ? » Jésus lui répondit : « Si quelqu'un m'aime, il gardera ma parole ; mon Père l'aimera, nous viendrons vers lui et, chez lui, nous nous ferons une demeure. Celui qui ne m'aime pas ne garde pas mes paroles. Or, la parole que vous entendez n'est pas de moi : elle est du Père, qui m'a envoyé. Je vous parle ainsi, tant que je demeure avec vous ; mais le Défenseur, l'Esprit Saint que le Père enverra en mon nom, lui, vous enseignera tout, et il vous fera souvenir de tout ce que je vous ai dit. »

Prière sur les offrandes
Que nos prières montent vers toi, Seigneur, avec ces offrandes pour le sacrifice ; dans ta bonté, purifie-nous, et nous serons mieux préparés au sacrement de ton amour infini. Par le Christ, notre Seigneur. — ***Amen.***

Préface du temps pascal, p. 222.

Antienne de la communion

Je vous laisse la paix, je vous donne ma paix ; ce n'est pas à la manière du monde que je vous la donne, dit le Seigneur, alléluia.
(Jn 14, 27)

Prière après la communion

Dieu éternel et tout-puissant, dans la résurrection du Christ, tu nous recrées pour la vie éternelle ; multiplie en nous les fruits du sacrement pascal : répands en nos cœurs la force de cette nourriture qui apporte le salut. Par le Christ, notre Seigneur. — ***Amen.***

INVITATION

Deuxième semaine du mois de Marie. Je peux prier le chapelet avec une intention particulière pour les bienheureux Pierre Claverie et ses compagnons, martyrs d'Algérie fêtés aujourd'hui.

COMMENTAIRE

Une demeure intérieure

Jean 14, 21-26

« Nous viendrons vers lui et, chez lui, nous nous ferons une demeure. » Jésus parle d'une expérience spirituelle à ne jamais cesser de désirer, que nous l'ayons déjà faite ou non : celle de la présence de Dieu en nous. Car nous sommes théophores, porteurs de Dieu. Notre tâche n'est-elle pas de le vivre pleinement et d'en témoigner ? Notons que la relation à la Parole joue un rôle essentiel. Une parole reçue, méditée, gardée qui éveille en nous la source enfouie et jaillissante de l'amour de Dieu. ■

Emmanuelle Billoteau, *ermite*

MARDI 9 MAI 2023

5E SEMAINE DE PÂQUES COULEUR LITURGIQUE : BLANC

Temps pascal, *messe de la férie*
ou, en France, **sainte Louise de Marillac**

7 - 13

Antienne d'ouverture

Louez notre Dieu, vous tous qui le craignez,
les petits et les grands. Maintenant voici le salut, la puissance,
et le pouvoir de son Christ, alléluia ! (Ap 19, 5 ; 12, 10)

Prière

Seigneur Dieu, tu nous recrées pour la vie éternelle dans la résurrection du Christ ; affermis la foi et l'espérance de ton peuple : ne laisse pas le doute entamer notre confiance dans les promesses que toi-même nous as faites. Par Jésus…

— Amen.

Lecture

du livre des Actes des Apôtres (14, 19-28)

« Ayant réuni l'Église, ils rapportèrent tout ce que Dieu avait fait avec eux »

En ces jours-là, comme Paul et Barnabé se trouvaient à Lystres, des Juifs arrivèrent d'Antioche de Pisidie et d'Iconium ; ils se rallièrent les foules, ils lapidèrent Paul et le traînèrent hors de la ville, pensant qu'il était mort. Mais, quand les disciples firent cercle autour de lui, il se releva et rentra dans la ville. Le lendemain, avec Barnabé, il partit pour Derbé. Ils annoncèrent la Bonne Nouvelle à cette cité et firent bon nombre de disciples.

Puis ils retournèrent à Lystres, à Iconium et à Antioche de Pisidie ; ils affermissaient le courage des disciples ; ils les exhortaient à persévérer dans la foi, en disant : « Il nous faut passer par bien des épreuves pour entrer dans le royaume de Dieu. » Ils désignèrent des Anciens pour chacune de leurs Églises et, après avoir prié et jeûné, ils confièrent au Seigneur ces hommes qui avaient mis leur foi en lui. Ils traversèrent la Pisidie et se rendirent en Pamphylie. Après avoir annoncé la Parole aux gens de Pergé, ils descendirent au port d'Attalia, et s'embarquèrent pour Antioche de Syrie, d'où ils étaient partis ; c'est là qu'ils avaient été remis à la grâce de Dieu pour l'œuvre qu'ils avaient accomplie. Une fois arrivés, ayant réuni l'Église, ils rapportèrent tout ce que Dieu avait fait avec eux, et comment il avait ouvert aux nations la porte de la foi. Ils passèrent alors un certain temps avec les disciples.
– Parole du Seigneur.

Psaume 144 (145)

℟ ***Que tes amis, Seigneur, annoncent la gloire de ton règne !***
OU ***Alléluia !***

Que tes œuvres, Seigne<u>u</u>r, te rendent grâce
et que tes fid<u>è</u>les te bénissent !
Ils diront la gl<u>o</u>ire de ton règne,
ils parler<u>o</u>nt de tes exploits. ℟

Ils annonceront aux h<u>o</u>mmes tes exploits,
la gloire et l'écl<u>a</u>t de ton règne :
ton règne, un r<u>è</u>gne éternel,
ton empire, pour les <u>â</u>ges des âges. ℟

Que ma b<u>o</u>uche proclame
les lou<u>a</u>nges du Seigneur !
Son nom très saint, que toute ch<u>a</u>ir le bénisse
toujo<u>u</u>rs et à jamais ! ℟

Acclamation de l'Évangile

Alléluia. Alléluia. Le Christ devait souffrir et ressusciter d'entre les morts pour entrer dans la gloire. ***Alléluia.***

Évangile de Jésus Christ

selon saint Jean (14, 27-31a)

« Je vous donne ma paix »

En ce temps-là, Jésus disait à ses disciples : « Je vous laisse la paix, je vous donne ma paix ; ce n'est pas à la manière du monde que je vous la donne. Que votre cœur ne soit pas bouleversé ni effrayé. Vous avez entendu ce que je vous ai dit : Je m'en vais, et je reviens vers vous. Si vous m'aimiez, vous seriez dans la joie puisque je pars vers le Père, car le Père est plus grand que moi. Je vous ai dit ces choses maintenant, avant qu'elles n'arrivent ; ainsi, lorsqu'elles arriveront, vous croirez. Désormais, je ne parlerai plus beaucoup avec vous, car il vient, le prince du monde. Certes, sur moi il n'a aucune prise, mais il faut que le monde sache que j'aime le Père, et que je fais comme le Père me l'a commandé. »

Prière sur les offrandes

Accueille, nous t'en prions, Seigneur, les dons de ton Église en fête ; tu es pour elle à l'origine d'un si grand bonheur : qu'il s'épanouisse en joie éternelle. Par le Christ, notre Seigneur. ***— Amen.***

Préface du temps pascal, p. 222.

Antienne de la communion

Si nous sommes passés
par la mort avec le Christ,
nous croyons que nous vivrons
aussi avec lui, alléluia.
(Rm 6, 8)

Prière après la communion

Regarde avec bonté, Seigneur, nous t'en prions, le peuple que tu as rénové par tes sacrements ; accorde-nous de parvenir à la vie incorruptible lorsque notre chair ressuscitera dans la gloire. Par le Christ, notre Seigneur. — ***Amen.***

INVITATION

Le Seigneur nous a donné sa paix. Avec qui pourrais-je me réconcilier ?

COMMENTAIRE

La joie du départ Jean 14, 27-31a

« Je m'en vais [...]. Si vous m'aimiez vous seriez dans la joie puisque je pars vers le Père. » Il est question ici d'une joie totalement détachée de soi-même, dégagée du ressenti immédiat, d'une joie pour le Christ qui retourne vers son Père. C'est la joie du Fils que chante l'antienne d'ouverture du matin de Pâques – « Je suis ressuscité, et je me retrouve avec toi » –, insistant sur le caractère trinitaire de l'événement pascal. Autant dire que Jésus nous invite à élargir l'espace de notre cœur. ■

Emmanuelle Billoteau, *ermite*

MERCREDI 10 MAI 2023

5[E] SEMAINE DE PÂQUES COULEUR LITURGIQUE : BLANC

Temps pascal, *messe de la férie*
ou **saint Jean d'Avila**

7 - 13

Antienne d'ouverture

Que ma bouche soit remplie de ta louange, pour que je puisse chanter ; joie sur mes lèvres qui chantent pour toi, alléluia. (cf. Ps 70, 8. 23)

Prière

Seigneur Dieu, toi qui aimes l'innocence et la fais recouvrer, oriente vers toi le cœur de ceux qui te servent ; tu les as libérés des ténèbres de l'incroyance : fais qu'ils n'abandonnent jamais la lumière de ta vérité. Par Jésus… ***— Amen.***

Lecture

du livre des Actes des Apôtres (15, 1-6)

« On décida qu'ils monteraient à Jérusalem auprès des Apôtres et des Anciens pour discuter de cette question »

En ces jours-là, des gens, venus de Judée à Antioche, enseignaient les frères en disant : « Si vous n'acceptez pas la circoncision selon la coutume qui vient de Moïse, vous ne pouvez pas être sauvés. » Cela provoqua un affrontement ainsi qu'une vive discussion engagée par Paul et Barnabé contre ces gens-là. Alors on décida que Paul et Barnabé, avec quelques autres frères, monteraient à Jérusalem auprès des Apôtres et des Anciens pour discuter de cette question. L'Église d'Antioche facilita leur

voyage. Ils traversèrent la Phénicie et la Samarie en racontant la conversion des nations, ce qui remplissait de joie tous les frères. À leur arrivée à Jérusalem, ils furent accueillis par l'Église, les Apôtres et les Anciens, et ils rapportèrent tout ce que Dieu avait fait avec eux. Alors quelques membres du groupe des pharisiens qui étaient devenus croyants intervinrent pour dire qu'il fallait circoncire les païens et leur ordonner d'observer la loi de Moïse*. Les Apôtres et les Anciens se réunirent pour examiner cette affaire.
– Parole du Seigneur.

Psaume 121 (122)

℟ ***Dans la joie, nous irons à la maison du Seigneur.***

OU

Alléluia !

Quelle joie quand on m'a dit :
« Nous irons à la maison du Seigneur ! »
Maintenant notre marche prend fin
devant tes portes, Jérusalem ! ℟

Jérusalem, te voici dans tes murs :
ville où tout ensemble ne fait qu'un !
C'est là que montent les tribus,
les tribus du Seigneur. ℟

C'est là qu'Israël doit rendre grâce
au nom du Seigneur.
C'est là le siège du droit,
le siège de la maison de David. ℟

Acclamation de l'Évangile

Alléluia. Alléluia. Demeurez en moi, comme moi en vous, dit le Seigneur ; celui qui demeure en moi porte beaucoup de fruit. ***Alléluia.***

Évangile de Jésus Christ

selon saint Jean (15, 1-8)

« Celui qui demeure en moi et en qui je demeure, celui-là porte beaucoup de fruit »

En ce temps-là, Jésus disait à ses disciples : « Moi, je suis la vraie vigne, et mon Père est le vigneron. Tout sarment qui est en moi, mais qui ne porte pas de fruit, mon Père l'enlève ; tout sarment qui porte du fruit, il le purifie en le taillant, pour qu'il en porte davantage. Mais vous, déjà vous voici purifiés grâce à la parole que je vous ai dite. Demeurez en moi, comme moi en vous. De même que le sarment ne peut pas porter de fruit par lui-même s'il ne demeure pas sur la vigne, de même vous non plus, si vous ne demeurez pas en moi.

« Moi, je suis la vigne, et vous, les sarments. Celui qui demeure en moi et en qui je demeure, celui-là porte beaucoup de fruit, car, en dehors de moi, vous ne pouvez rien faire. Si quelqu'un ne demeure pas en moi, il est, comme le sarment, jeté dehors, et il se dessèche. Les sarments secs, on les ramasse, on les jette au feu, et ils brûlent. Si vous demeurez en moi, et que mes paroles demeurent en vous, demandez tout ce que vous voulez, et cela se réalisera pour vous. Ce qui fait la gloire de mon Père, c'est que vous portiez beaucoup de fruit et que vous soyez pour moi des disciples. »

Prière sur les offrandes

Donne-nous, Seigneur, nous t'en prions, de toujours te rendre grâce par ces mystères de Pâques ; qu'ils continuent l'œuvre de notre relèvement et deviennent pour nous une source intarissable de joie. Par le Christ, notre Seigneur. **— *Amen.***

Préface du temps pascal, p. 222.

Antienne de la communion

Le Seigneur est ressuscité,
il nous a rachetés par son sang,
et nous remplit de sa lumière,
alléluia.

Prière après la communion

Écoute nos prières, Seigneur : que cet échange très saint où l'homme est racheté nous soutienne durant la vie présente et nous procure les joies éternelles. Par le Christ, notre Seigneur.
— *Amen.*

INVITATION

Je peux choisir un sujet d'actualité ou une personne pour qui prier particulièrement aujourd'hui.

COMMENTAIRE

Des fruits à maturité

Jean 15, 1-8

Jésus nous oriente vers Dieu ami de la vie, qui ne veut pas que nos talents soient gâchés mais que nous portions du fruit : fruit de charité, de patience, d'attention, de réflexion… Ce qui suppose de consentir à être émondés, purifiés par la Parole qui nous désinstalle des positions acquises. Regardons les disciples alors que Jésus les prépare à son départ pour les ouvrir à l'Esprit et les faire accéder à une nouvelle maturité, celle de membres de son corps appelés à témoigner de sa présence. ■

***Emmanuelle Billoteau**, ermite*

✲ CLÉ DE LECTURE

« Observer la loi de Moïse »

Actes 15, 5 *(p. 68)*

Le chapitre 15, au centre du livre des Actes des Apôtres, marque le pas décisif franchi par la jeune Église : fallait-il rester à l'intérieur du monde juif ou ouvrir plus largement la porte au monde païen ? La question, soulevée par des pharisiens devenus disciples du Christ, est portée à Jérusalem par Paul et Barnabé. L'auteur des Actes, Luc, se garde bien de dire si Paul a déjà baptisé ou non des païens non circoncis. Dans la lettre aux Galates, Paul avait situé la rencontre beaucoup plus tard, après son deuxième voyage missionnaire, et placé les Apôtres de Jérusalem devant le fait accompli : des Églises venues du paganisme vivaient de l'Évangile (cf. Ga 2, 2. 6-9). Mais Luc va souligner avec finesse les nuances d'une relation plus juste avec la tradition juive. ■

***Roselyne Dupont-Roc**, bibliste*

JEUDI 11 MAI 2023

5E SEMAINE DE PÂQUES COULEUR LITURGIQUE : BLANC

Temps pascal, *messe de la férie*

Antienne d'ouverture

Chantons pour le Seigneur ! Éclatante est sa gloire !
Ma force et ma louange, c'est le Seigneur :
il est pour moi le salut, alléluia.
(Ex 15, 1-2)

Prière

Seigneur Dieu, par ta grâce tu as fait de nous des justes quand nous étions pécheurs, tu nous as donné le bonheur quand nous étions malheureux ; veille sur ton œuvre, veille sur tes dons : à ceux que tu as justifiés par la foi, accorde la force de persévérer. Par Jésus… **— *Amen.***

Lecture

du livre des Actes des Apôtres (15, 7-21)

« Moi, j'estime qu'il ne faut pas tracasser ceux qui, venant des nations, se tournent vers Dieu »

En ces jours-là, comme la conversion des païens provoquait, dans l'Église de Jérusalem, une intense discussion, Pierre se leva et leur dit : « Frères, vous savez bien comment Dieu, dans les premiers temps, a manifesté son choix parmi vous : c'est par ma bouche que les païens

ont entendu la parole de l'Évangile et sont venus à la foi. Dieu, qui connaît les cœurs, leur a rendu témoignage en leur donnant l'Esprit Saint tout comme à nous; sans faire aucune distinction entre eux et nous, il a purifié leurs cœurs par la foi. Maintenant, pourquoi donc mettez-vous Dieu à l'épreuve en plaçant sur la nuque des disciples un joug que nos pères et nous-mêmes n'avons pas eu la force de porter ? Oui, nous le croyons, c'est par la grâce du Seigneur Jésus que nous sommes sauvés, de la même manière qu'eux. »

Toute la multitude garda le silence, puis on écouta Barnabé et Paul exposer tous les signes et les prodiges que Dieu avait accomplis grâce à eux parmi les nations. Quand ils eurent terminé, Jacques prit la parole et dit : « Frères, écoutez-moi. Simon-Pierre vous a exposé comment, dès le début, Dieu est intervenu pour prendre parmi les nations un peuple qui soit à son nom. Les paroles des prophètes s'accordent avec cela, puisqu'il est écrit : *Après cela, je reviendrai pour reconstruire la demeure de David, qui s'est écroulée ; j'en reconstruirai les parties effondrées, je la redresserai ; alors le reste des hommes cherchera le Seigneur, oui, toutes les nations sur lesquelles mon nom a été invoqué, – déclare le Seigneur, qui fait ces choses connues depuis toujours.* Dès lors, moi, j'estime qu'il ne faut pas tracasser ceux qui, venant des nations, se tournent vers Dieu, mais écrivons-leur de s'abstenir* des souillures des idoles, des unions illégitimes, de la viande non saignée et du sang. Car, depuis les temps les plus anciens, Moïse a, dans chaque ville, des gens qui proclament sa Loi, puisque, dans les synagogues, on en fait la lecture chaque sabbat. »

– Parole du Seigneur.

Psaume 95 (96)

℟ ***Racontez à tous les peuples les merveilles du Seigneur !***
OU ***Alléluia !***

Chantez au Seigneur un chant nouveau,
chantez au Seigneur, terre entière,
chantez au Seigneur et bénissez son nom ! ℟

De jour en jour, proclamez son salut,
racontez à tous les peuples sa gloire,
à toutes les nations ses merveilles ! ℟

Allez dire aux nations :
« Le Seigneur est roi ! »
Le monde, inébranlable, tient bon.
Il gouverne les peuples avec droiture. ℟

Acclamation de l'Évangile

Alléluia. Alléluia. Mes brebis écoutent ma voix, dit le Seigneur ; moi, je les connais, et elles me suivent. ***Alléluia.***

Évangile de Jésus Christ

selon saint Jean (15, 9-11)

« Demeurez dans mon amour pour que votre joie soit parfaite »

En ce temps-là, Jésus disait à ses disciples : « Comme le Père m'a aimé, moi aussi je vous ai aimés. Demeurez dans mon amour. Si vous gardez mes commandements, vous demeurerez dans mon amour, comme moi, j'ai gardé les commandements de mon Père, et je demeure dans son amour. Je vous ai dit cela pour que ma joie soit en vous, et que votre joie soit parfaite. »

Prière sur les offrandes

Seigneur notre Dieu, dans l'admirable échange du sacrifice eucharistique, tu nous fais participer à ton unique et souveraine divinité ; nous avons reçu la connaissance de ta vérité : accorde-nous de lui être fidèles par toute notre vie. Par le Christ, notre Seigneur. **— *Amen.***

Préface du temps pascal, p. 222.

Antienne de la communion

Le Christ est mort pour tous,
afin que les vivants n'aient plus
leur vie centrée sur eux-mêmes,
mais sur lui, qui est mort
et ressuscité pour eux, alléluia.
(2 Co 5, 15)

Prière après la communion

Dans ta bienveillance, reste auprès de ton peuple, nous t'en prions, Seigneur ; puisque tu l'as initié aux sacrements du ciel, fais-le passer de ce qui est ancien à la vie nouvelle. Par le Christ, notre Seigneur. **— *Amen.***

INVITATION

« Chantez au Seigneur et bénissez son nom. »
Voilà mon programme du jour !

COMMENTAIRE

En communion Jean 15, 9-11

L'appel à aimer Dieu peut sembler un peu nébuleux, mais il est ici « corrigé » par des propositions concrètes. Aimer, c'est d'abord se laisser aimer en accueillant l'amour de Dieu pour « y demeurer ». Ce qui suppose le secours de l'Esprit, un désir fort de notre part, et passe par la prière, la relecture de vie pour y discerner les signes que Dieu nous donne par autrui. D'où une fidélité aux commandements qui ne relève pas de la morale mais de la communion de notre volonté avec celle de Dieu. ■

***Emmanuelle Billoteau**, ermite*

❊ CLÉ DE LECTURE

« S'abstenir » Actes 15, 20 *(p. 73)*

Devant l'assemblée des Anciens, le discours de Jacques de Jérusalem est un chef-d'œuvre d'ambiguïté assumée. Il ouvre largement la porte aux païens sans leur imposer la circoncision, mais il ajoute aussitôt une série de réserves, appelées « décrets », qui maintiennent les exigences juives de pureté de la nourriture. Est-ce limiter la liberté des pagano-chrétiens ? Paul s'était fermement battu pour la préserver (Ga 2, 11-21). N'est-ce pas plutôt faire œuvre d'apaisement et de consensus, en assurant une convivialité possible entre tous les chrétiens ? Et Paul était prêt pour cela à renoncer à sa propre liberté sur la question de la nourriture (1 Co 8 ; Rm 14). Et si nous savions, nous aussi, rabattre un peu nos exigences pour accueillir l'autre ? ■

***Roselyne Dupont-Roc**, bibliste*

VENDREDI 12 MAI 2023

5e SEMAINE DE PÂQUES COULEUR LITURGIQUE : BLANC

Temps pascal, *messe de la férie*
ou **saint Nérée et saint Achille**
ou **saint Pancrace**

7-13

Antienne d'ouverture

Il est digne, l'Agneau immolé de recevoir puissance, divinité, sagesse, force et honneur, alléluia. (cf. Ap 5, 12)

Prière

Nous t'en prions, Seigneur, donne-nous de vivre en plein accord avec le mystère pascal que nous célébrons dans la joie ; qu'il nous protège toujours par sa puissance et nous apporte le salut. Par Jésus… ***— Amen.***

Lecture

du livre des Actes des Apôtres (15, 22-31)

« L'Esprit Saint et nous-mêmes avons décidé de ne pas faire peser sur vous d'autres obligations que celles-ci, qui s'imposent »

En ces jours-là, les Apôtres et les Anciens décidèrent avec toute l'Église de choisir parmi eux des hommes qu'ils enverraient à Antioche avec Paul et Barnabé. C'étaient des hommes qui avaient de l'autorité parmi les frères : Jude, appelé aussi Barsabbas, et Silas. Voici ce qu'ils écrivirent de leur main : « Les Apôtres et les Anciens, vos frères, aux frères issus des nations, qui résident à Antioche, en Syrie et en Cilicie, salut !

« Attendu que certains des nôtres, comme nous l'avons appris, sont

allés, sans aucun mandat de notre part, tenir des propos qui ont jeté chez vous le trouble et le désarroi, nous avons pris la décision, à l'unanimité, de choisir des hommes que nous envoyons chez vous, avec nos frères bien-aimés Barnabé et Paul, eux qui ont fait don de leur vie pour le nom de notre Seigneur Jésus Christ. Nous vous envoyons donc Jude et Silas, qui vous confirmeront de vive voix ce qui suit : L'Esprit Saint et nous-mêmes avons décidé de ne pas faire peser sur vous d'autres obligations que celles-ci, qui s'imposent : vous abstenir des viandes offertes en sacrifice aux idoles, du sang, des viandes non saignées et des unions illégitimes. Vous agirez bien, si vous vous gardez de tout cela. Bon courage ! »
On laissa donc partir les délégués, et ceux-ci descendirent alors à Antioche. Ayant réuni la multitude des disciples, ils remirent la lettre. À sa lecture, tous se réjouirent du réconfort qu'elle apportait. – Parole du Seigneur.

Psaume 56 (57)

℟ ***Je te rendrai grâce parmi les peuples, Seigneur.***
OU ***Alléluia !***

Mon cœur est prêt, mon Dieu,
mon cœur est prêt !
Je veux chanter, jouer des hymnes !
Éveille-toi, ma gloire !
Éveillez-vous, harpe, cithare,
que j'éveille l'aurore ! ℟

Je te rendrai grâce parmi les peuples, Seigneur,
et jouerai mes hymnes en tous pays.
Ton amour est plus grand que les cieux,
ta vérité, plus haute que les nues.
Dieu, lève-toi sur les cieux :
que ta gloire domine la terre ! ℟

Acclamation de l'Évangile

Alléluia. Alléluia. Je vous appelle mes amis, dit le Seigneur, car tout ce que j'ai entendu de mon Père, je vous l'ai fait connaître. ***Alléluia.***

Évangile de Jésus Christ

selon saint Jean (15, 12-17)

« Voici ce que je vous commande : c'est de vous aimer les uns les autres »

En ce temps-là, Jésus disait à ses disciples : « Mon commandement, le voici : Aimez-vous les uns les autres comme je vous ai aimés. Il n'y a pas de plus grand amour que de donner sa vie pour ceux qu'on aime. Vous êtes mes amis si vous faites ce que je vous commande. Je ne vous appelle plus serviteurs, car le serviteur ne sait pas ce que fait son maître ; je vous appelle mes amis, car tout ce que j'ai entendu de mon Père, je vous l'ai fait connaître. Ce n'est pas vous qui m'avez choisi, c'est moi qui vous ai choisis et établis afin que vous alliez, que vous portiez du fruit, et que votre fruit demeure. Alors, tout ce que vous demanderez au Père en mon nom, il vous le donnera. Voici ce que je vous commande : c'est de vous aimer les uns les autres. »

Prière sur les offrandes

Dans ta bonté, sanctifie ces dons, nous t'en prions, Seigneur ; accepte le sacrifice spirituel que nous t'offrons, et fais de nous-mêmes une éternelle offrande pour toi. Par le Christ, notre Seigneur. ***— Amen.***

Préface du temps pascal, p. 222.

Antienne de la communion

Le crucifié s'est relevé
d'entre les morts,
il nous a rachetés, alléluia.

Prière après la communion

Seigneur, nous avons reçu les dons qui nous ont fait participer aux saints mystères, et nous te prions humblement : ton Fils nous a demandé de les célébrer en mémoire de lui, qu'ils augmentent en nous la charité. Par le Christ, notre Seigneur. — ***Amen.***

INVITATION

On fête aujourd'hui Nérée et Achille, tous deux martyrs de Rome.
Je peux prier pour tous les martyrs, ceux d'hier et ceux d'aujourd'hui.

COMMENTAIRE

Un modèle d'amour

Jean 15, 12-17

S'aimer les uns les autres est à la fois simple et complexe. Quoi qu'il en soit, il s'agit d'aimer sur le modèle dont s'aiment le Père et le Fils, de s'aimer en accueillant l'altérité, la différence de l'autre. Ce qui nous invite à tout un travail intérieur sur la pauvreté en esprit qui ne cherche pas, plus ou moins consciemment, à s'approprier autrui. Ne s'agit-il pas de savoir toujours le « laisser aller », comme Jésus l'a fait avec Lazare après qu'il l'eut libéré des liens de la mort (Jn 11, 44) ? ■

Emmanuelle Billoteau, *ermite*

SAMEDI 13 MAI 2023

5[E] SEMAINE DE PÂQUES COULEUR LITURGIQUE : BLANC

Temps pascal, *messe de la férie*
ou **bienheureuse Vierge Marie de Fatima,** *voir p. 85*

7-13

Antienne d'ouverture

Dans le baptême, vous avez été mis au tombeau avec le Christ et vous êtes ressuscités avec lui par la foi en la force de Dieu qui l'a ressuscité d'entre les morts, alléluia. (Col 2, 12)

Prière

Dieu éternel et tout-puissant, tu as voulu nous donner la vie du ciel en nous faisant renaître par le baptême ; nous t'en prions : toi qui nous ouvres à l'immortalité en faisant de nous des justes, donne-nous de parvenir, sous ta conduite, jusqu'à la plénitude de la gloire. Par Jésus… ***— Amen.***

Lecture

du livre des Actes des Apôtres (16, 1-10)

« Passe en Macédoine et viens à notre secours »

En ces jours-là, Paul, qui avait quitté Antioche avec Silas, arriva ensuite à Derbé, puis à Lystres. Il y avait là un disciple nommé Timothée ; sa mère était une Juive devenue croyante, mais son père était grec. À Lystres et à Iconium, les frères lui rendaient un bon témoignage. Paul désirait l'emmener ; il le prit avec lui et le fit circoncire à cause des Juifs de la région, car ils savaient tous que son père était grec. Dans les villes où Paul

et ses compagnons passaient, ils transmettaient les décisions prises par les Apôtres et les Anciens de Jérusalem, pour qu'elles entrent en vigueur. Les Églises s'affermissaient dans la foi et le nombre de leurs membres augmentait chaque jour. Paul et ses compagnons traversèrent la Phrygie et le pays des Galates, car le Saint-Esprit les avait empêchés de dire la Parole dans la province d'Asie. Arrivés en Mysie, ils essayèrent d'atteindre la Bithynie, mais l'Esprit de Jésus s'y opposa. Ils longèrent alors la Mysie et descendirent jusqu'à Troas. Pendant la nuit, Paul eut une vision : un Macédonien lui apparut, debout, qui lui faisait cette demande : « Passe en Macédoine et viens à notre secours. » À la suite de cette vision de Paul, nous avons aussitôt cherché à partir pour la Macédoine, car nous en avons déduit que Dieu nous appelait à y porter la Bonne Nouvelle. – Parole du Seigneur.

Psaume 99 (100)

℟ ***Acclamez le Seigneur, terre entière !***
OU ***Alléluia !***

Acclamez le Seigneur, terre entière,
servez le Seigneur dans l'allégresse,
venez à lui avec des chants de joie ! ℟

Reconnaissez que le Seigneur est Dieu :
il nous a faits, et nous sommes à lui,
nous, son peuple, son troupeau. ℟

Oui, le Seigneur est bon,
éternel est son amour,
sa fidélité demeure d'âge en âge. ℟

Acclamation de l'Évangile

Alléluia. Alléluia. Si vous êtes ressuscités avec le Christ, recherchez les réalités d'en haut : c'est là qu'est le Christ, assis à la droite de Dieu. ***Alléluia.***

Évangile de Jésus Christ

selon saint Jean (15, 18-21)

« Vous n'appartenez pas au monde,
puisque je vous ai choisis en vous prenant dans le monde »

En ce temps-là, Jésus disait à ses disciples : « Si le monde a de la haine contre vous, sachez qu'il en a eu d'abord contre moi. Si vous apparteniez au monde, le monde aimerait ce qui est à lui. Mais vous n'appartenez pas au monde, puisque je vous ai choisis en vous prenant dans le monde ; voilà pourquoi le monde a de la haine contre vous. Rappelez-vous la parole que je vous ai dite : un serviteur n'est pas plus grand que son maître. Si l'on m'a persécuté, on vous persécutera, vous aussi. Si l'on a gardé ma parole, on gardera aussi la vôtre. Les gens vous traiteront ainsi à cause de mon nom, parce qu'ils ne connaissent pas Celui qui m'a envoyé. »

Prière sur les offrandes

Reçois avec bonté les offrandes de ta famille, nous t'en prions, Seigneur, garde-la sous ta protection : qu'elle ne perde aucun des bienfaits déjà reçus, et parvienne aux dons éternels. Par le Christ, notre Seigneur. ***— Amen.***

Préface du temps pascal, p. 222.

Antienne de la communion

Père, je te prie pour eux :
qu'ils soient un en nous, eux aussi,
pour que le monde croie
que tu m'as envoyé,
dit le Seigneur, alléluia.
(Jn 17, 20-21)

Prière après la communion

Nous t'en prions, Seigneur, ne cesse pas de protéger avec tendresse ceux que tu as sauvés : la passion de ton Fils les a rachetés, qu'ils trouvent leur joie dans sa résurrection. Lui qui vit…
— Amen.

INVITATION

En cette fête de la bienheureuse Vierge Marie de Fatima,
je peux prier pour nos frères et sœurs du Portugal.

COMMENTAIRE

Ne pas déranger

Jean 15, 18-21

Si l'horizon ouvert par Jésus est celui de l'amour, de la plénitude, il ne va pas sans combat. En tant que membres du corps du Christ, ne nous étonnons pas de susciter une certaine hostilité : due parfois à nos maladresses, parfois au fait que le message chrétien peut déranger dans sa dimension prophétique – qu'il s'agisse du respect de la personne en toutes ses dimensions, de la cohérence de la vie… Une dimension prophétique que nous pouvons être tentés de taire pour éviter les sujets qui fâchent. ■

Emmanuelle Billoteau, ermite

Bienheureuse Vierge Marie de Fatima **Couleur liturgique : blanc**

Le 13 mai 1917, à Fatima (Portugal), trois enfants, Lucie, François et Jacinthe ont vu une lumière brillante puis une « Dame, plus brillante que le soleil ». Le message de Notre-Dame de Fatima à ces « tout-petits » et à nous-mêmes a été un appel à prier et à faire pénitence.

Antienne d'ouverture

Tu as changé mon deuil
en une danse ; Seigneur,
tu m'as comblée de joie, alléluia.
(cf. Ps 29, 12)

Prière

Seigneur Dieu, tu as voulu que la Mère de ton Fils soit aussi notre Mère ; accorde-nous de persévérer dans la pénitence et la prière pour le salut du monde ; puissions-nous devenir ainsi, de jour en jour, des artisans efficaces du royaume du Christ. Lui qui… ***— Amen.***

Prière sur les offrandes

Reçois, Père très saint, l'humble offrande que nous te présentons dans la joie, en célébrant la mémoire de la bienheureuse Vierge Marie ; fais qu'en nous unissant au sacrifice du Christ, nous recevions la consolation dès maintenant et le salut pour l'éternité. Par le Christ, notre Seigneur. ***— Amen.***

Préface de la Vierge Marie, p. 226.

Antienne de la communion

Tous les âges me diront
bienheureuse, car Dieu
a regardé son humble servante.
(cf. Lc 1, 48)

Prière après la communion

Réconfortés par les sacrements de Pâques, nous t'en prions, Seigneur, fais que, célébrant la mémoire de la Mère de ton Fils, nous manifestions dans notre chair vouée à la mort la vie de Jésus. Lui qui… ***— Amen.***

DIMANCHE 14 MAI 2023

6E DIMANCHE DE PÂQUES

ANNÉE A - COULEUR LITURGIQUE : BLANC

Accueillir la parole de Dieu. Rendre compte de l'espérance qui est en nous. Voilà une invitation à être témoins du Christ vivant en nous. Attendre l'Esprit promis, et déjà reconnaître ses traces à travers le comportement de ses disciples : la joie, la paix, l'élargissement de nos horizons… tout un programme !

RITES INITIAUX

Chant d'entrée *(Suggestions p. 246)*

OU

Antienne d'ouverture

Avec des cris de joie, répandez la nouvelle,
portez-la jusqu'aux extrémités de la terre :
le Seigneur a libéré son peuple, alléluia. (cf. Is 48, 20)

Suggestion de préparation pénitentielle *(ou p. 215)*

Frères et sœurs, réunis pour la prière commune, en conscience, reconnaissons devant Dieu notre péché.

Prends pitié de nous, Seigneur, toi qui pries pour nous le Père, tu ne nous laisses pas seuls. — ***Nous avons péché contre toi.***

Montre-nous ta miséricorde, ô Christ, toi le juste, tu as souffert pour nos péchés, montre-nous ta miséricorde.
— ***Et donne-nous ton salut.***

Que Dieu tout-puissant nous fasse miséricorde ; qu'il nous pardonne nos péchés et nous conduise à la vie éternelle. — ***Amen.***

Kyrie, eleison. — ***Kyrie, eleison.***
Christe, eleison. — ***Christe, eleison.***
Kyrie, eleison. — ***Kyrie, eleison.***

Gloire à Dieu *(p. 218)*

Prière

Dieu tout-puissant, accorde-nous, en ces jours de fête, de célébrer avec ferveur le Seigneur ressuscité : puissions-nous mettre en œuvre fidèlement tout ce dont nous faisons mémoire. Par Jésus… ***— Amen.***

LITURGIE DE LA PAROLE

Lecture du livre des Actes des Apôtres (8, 5-8. 14-17)

« Pierre et Jean leur imposèrent les mains, et ils reçurent l'Esprit Saint »

En ces jours-là, Philippe, l'un des Sept, arriva dans une ville de Samarie, et là il proclamait le Christ. Les foules, d'un même cœur, s'attachaient à ce que disait Philippe, car elles entendaient parler des signes qu'il accomplissait, ou même les voyaient. Beaucoup de possédés étaient délivrés des esprits impurs, qui sortaient en poussant de grands cris. Beaucoup de paralysés et de boiteux furent guéris. Et il y eut dans cette ville une grande joie.

Les Apôtres, restés à Jérusalem, apprirent que la Samarie avait accueilli la parole de Dieu. Alors ils y envoyèrent Pierre et Jean. À leur arrivée, ceux-ci prièrent pour ces Samaritains afin qu'ils reçoivent l'Esprit Saint; en effet, l'Esprit n'était encore descendu sur aucun d'entre eux : ils étaient seulement baptisés au nom du Seigneur Jésus. Alors Pierre et Jean leur imposèrent les mains, et ils reçurent l'Esprit Saint. – Parole du Seigneur.

Psaume 65 (66)

℟ ***Terre entière, acclame Dieu, chante le Seigneur !***
OU ***Alléluia !***

T. : AELF ; M. : J.-P. Lécot ; Éd. : ADF.

Acclamez Dieu, toute la terre ;
fêtez la gloire de son nom,
glorifiez-le en célébrant sa louange.
Dites à Dieu : « Que tes actions sont redoutables ! ℟

« Toute la terre se prosterne devant toi,
elle chante pour toi, elle chante pour ton nom. »
Venez et voyez les hauts faits de Dieu,
ses exploits redoutables pour les fils des hommes. ℟

Il changea la mer en terre ferme :
ils passèrent le fleuve à pied sec.
De là, cette joie qu'il nous donne.
Il règne à jamais par sa puissance. ℟

Retrouvez ce psaume sur le CD "Les psaumes de l'année A"

℟ ***Terre entière, acclame Dieu, chante le Seigneur !***
OU ***Alléluia !***

Venez, écoutez, vous tous qui craignez Dieu :
je vous dirai ce qu'il a fait pour mon âme.
Béni soit Dieu qui n'a pas écarté ma prière,
ni détourné de moi son amour ! ℟

Lecture de la première lettre de saint Pierre apôtre (3, 15-18)

« Dans sa chair, il a été mis à mort ;
dans l'Esprit, il a reçu la vie »

Bien-aimés, honorez dans vos cœurs la sainteté du Seigneur, le Christ. Soyez prêts à tout moment à présenter une défense devant quiconque vous demande de rendre raison de l'espérance qui est en vous ; mais faites-le avec douceur et respect. Ayez une conscience droite, afin que vos adversaires soient pris de honte sur le point même où ils disent du mal de vous pour la bonne conduite que vous avez dans le Christ. Car mieux vaudrait souffrir en faisant le bien, si c'était la volonté de Dieu, plutôt qu'en faisant le mal. Car le Christ, lui aussi, a souffert pour les péchés, une seule fois, lui, le juste, pour les injustes, afin de vous introduire devant Dieu ; il a été mis à mort dans la chair ; mais vivifié dans l'Esprit.
– Parole du Seigneur.

Acclamation de l'Évangile

Alléluia. Alléluia. Si quelqu'un m'aime, il gardera ma parole, dit le Seigneur ; mon Père l'aimera, et nous viendrons vers lui. ***Alléluia***

IU 56-65 ; M. : P. Robert ; Bayard Liturgie.

Évangile de Jésus Christ selon saint Jean (14, 15-21)

« Moi, je prierai le Père, et il vous donnera un autre Défenseur »

En ce temps-là, Jésus disait à ses disciples : « Si vous m'aimez, vous garderez mes commandements. Moi, je prierai le Père, et il vous donnera un autre Défenseur qui sera pour toujours avec vous : l'Esprit de vérité, lui que le monde ne peut recevoir, car il ne le voit pas et ne le connaît pas ; vous, vous le connaissez, car il demeure auprès de vous, et il sera en vous. Je ne vous laisserai pas orphelins, je reviens vers vous. D'ici peu de temps, le monde ne me

verra plus, mais vous, vous me verrez vivant, et vous vivrez aussi. En ce jour-là, vous reconnaîtrez que je suis en mon Père, que vous êtes en moi, et moi en vous. Celui qui reçoit mes commandements et les garde, c'est celui-là qui m'aime ; et celui qui m'aime sera aimé de mon Père ; moi aussi, je l'aimerai, et je me manifesterai à lui. »

Homélie

Profession de foi *(p. 219)*

Suggestion de prière universelle

Le prêtre :

Le Christ a promis à ses apôtres qu'il prierait le Père pour nous. Confions à Dieu, le Père de Jésus, toutes nos prières pour le monde entier.

℟ ***Par Jésus Christ ressuscité, exauce-nous, Seigneur.***

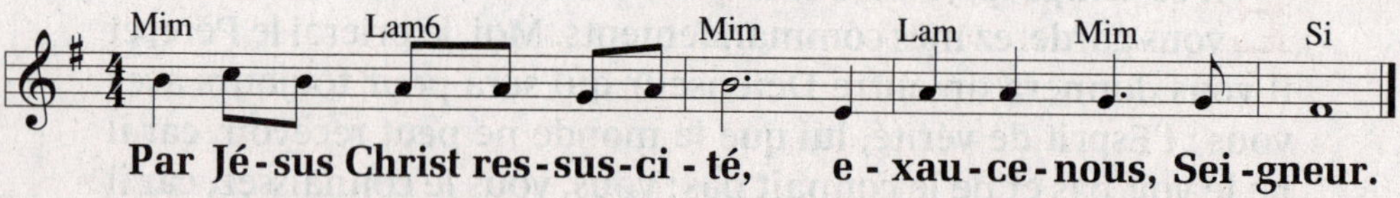

Bayard Liturgie; M. : M. Wackenheim.

Le diacre ou un lecteur :

Pour les laïcs en charge ecclésiale, qu'ils mettent leurs charismes au service du monde. Avec le pape François, prions le Seigneur. ℟

Pour nos dirigeants, qu'ils écoutent leurs administrés et travaillent pour qu'advienne un monde plus juste et plus fraternel. Ensemble, prions le Seigneur. ℟

Pour les jeunes, afin qu'ils s'engagent toujours plus pour la défense de la nature et de la planète. Ensemble, prions le Seigneur. ℟

Pour les chrétiens d'Orient et d'ailleurs, persécutés à cause de leur foi, afin qu'ils ne perdent jamais l'espérance de la résurrection. Ensemble, prions le Seigneur. ℟

(Ces intentions seront adaptées ou modifiées selon les circonstances.)

Le prêtre :

Ô Christ ressuscité, toi qui demeures en nous, écoute nos prières, toi qui vis et règnes pour les siècles des siècles. ***— Amen.***

LITURGIE EUCHARISTIQUE

Prière sur les offrandes

Que nos prières montent vers toi, Seigneur, avec ces offrandes pour le sacrifice ; dans ta bonté, purifie-nous, et nous serons mieux préparés au sacrement de ton amour infini. Par le Christ, notre Seigneur.
— Amen.

Prière eucharistique *(Préface du temps pascal, p. 222)*

Chant de communion *(Suggestions p. 246)*
OU
Antienne de la communion
Si vous m'aimez, dit le Seigneur,
vous garderez mes commandements.
Moi, je prierai le Père,
et il vous donnera un autre Défenseur
qui sera pour toujours avec vous, alléluia.
(Jn 14, 15-16)

Prière après la communion
Dieu éternel et tout-puissant, dans la résurrection du Christ, tu nous recrées pour la vie éternelle ; multiplie en nous les fruits du sacrement pascal : répands en nos cœurs la force de cette nourriture qui apporte le salut. Par le Christ, notre Seigneur. ***— Amen.***

RITE DE CONCLUSION

Bénédiction solennelle *(voir p. 50).*

Envoi

COMMENTAIRE DU DIMANCHE

Jean-Paul Sagadou, prêtre assomptionniste,
rédacteur en chef de *Prions en Église* Afrique

L'Esprit de vérité est là !

Juste avant de retourner vers son Père, Jésus ouvre, pour ses disciples, le temps de l'Esprit et du témoignage. Pour tenir dans ce temps, et pour vivre en témoin du Christ Ressuscité, deux attitudes sont nécessaires : aimer Jésus et garder ses commandements. Et les disciples n'ont pas à craindre la nouvelle modalité de présence de Jésus à leur côté, sous la forme de l'absence. Ils ont la promesse de l'Esprit. Ils peuvent s'habituer au départ de Jésus, à son absence. L'Esprit est avec eux, il demeure auprès d'eux, il est en eux, même dans les épreuves. En fait, l'Esprit tourne les disciples vers le dedans, vers l'intérieur, pour les imprégner de Dieu. Il se joint à leur esprit pour que celui-ci devienne désir de Dieu. Et Jésus laisse entendre aux disciples d'hier, et à nous aujourd'hui, que c'est cette expérience de •••

••• communion avec l'Esprit qui nous fait connaître qui il est et à quoi il sert. L'Esprit est intime. Il est le cœur de notre cœur. Il n'a pas besoin de faire de grands discours. Il ne parle pas, il agit. Il n'exprime pas, il imprime, et ce faisant, il donne de connaître le Père et de l'aimer. Il donne aussi, selon les mots de l'apôtre Paul, de pouvoir « rendre raison de l'espérance » qui est en nous, « avec douceur et respect ». L'Esprit ne violente pas, il ne se donne pas en spectacle. Il donne de témoigner en vérité, avec humilité et amour, dans la discrétion. Fondamentalement, c'est en aimant de l'amour qui vient de Dieu que nous serons à même de découvrir la véritable identité de Dieu et vivre, dans la fidélité, notre engagement à la suite du Christ.

Comment Dieu manifeste-t-il sa présence aujourd'hui dans ma vie et dans celle de mes frères ?

M'est-il déjà arrivé de « rendre compte de l'espérance qui est en moi » ? En quelles circonstances ?

Quelles sont les difficultés que je rencontre dans mon désir de rendre témoignage de ma foi en Dieu ? ■

Prions en Église Junior

LIRE L'ÉVANGILE AVEC LES ENFANTS

CE QUE JE DÉCOUVRE

Jésus dit à ses disciples que s'ils l'aiment, ils obéiront à ses paroles. Le Christ s'adresse aussi à nous ! Il nous demande d'écouter ses paroles de vie et de ne pas oublier son principal enseignement : « Comme je vous ai aimés, vous aussi, aimez-vous les uns les autres. » **Si nous aimons vraiment Jésus, alors nous sommes aussi invités à nous aimer comme des frères** car nous sommes tous enfants de Dieu !

CE QUE JE VIS

Ce n'est pas toujours simple d'aimer l'autre comme un frère...
Que fais-tu quand tu es agacé ou en colère contre quelqu'un ?
Pendant la prière, trouve les mots pour dire à Jésus comment tu l'aimes. Confie-lui aussi ceux que tu as du mal à aimer.

Texte : Patricia Metzger. Illustrations : Marcelino Truong

14 - 20

MÉDITATION BIBLIQUE

6E DIMANCHE DE PÂQUES

Évangile selon saint Jean 14, 15-21

Vous en moi et moi en vous

L'évangile de ce dimanche nous prépare à la Pentecôte avec la promesse de l'Esprit. Il met en valeur la dimension mystique de la vie chrétienne tout en donnant des critères pour éviter dérapages et illusions.

Le temps de la préparation

« Venez, écoutez,
vous tous qui craignez Dieu :
je vous dirai ce qu'il a fait
pour mon âme. » (Ps 65, 16)

Le temps de l'observation

Il est trois fois question d'intériorité et d'inhabitation dans ces versets. Inhabitation de l'Esprit, le Défenseur, qui ne demeurera pas seulement « auprès » des disciples comme un bon avocat mais sera « en » eux. Inhabitation du Fils dans le Père et inhabitation réciproque du Fils et de ses « amis » : « Vous êtes en moi, et moi en vous. » Jésus fait appel à l'expérience de l'Esprit Saint déjà vécue par les disciples, il n'est donc pas question d'abord d'une morale, mais d'une expérience d'union à Dieu, Père, Fils et Saint-Esprit. Voilà qui peut occasionner un certain vertige ou pourrait favoriser des sentiments imaginaires de présence de Dieu. Qui dit union dit amour mais, là encore, il est facile de s'illusionner. Il est donc important d'entendre le propos de Jésus sur la fidélité à ses commandements, vrai critère pour discerner un amour authentique qui s'exprime, entre autres, par le lavement des pieds, donc par une attitude d'humilité, de respect, de service à l'égard d'autrui.

Le temps de la méditation

Comment raviver les braises sous la cendre si nous avons vécu une telle expérience de proximité avec Jésus, de guidance ou d'inspiration avec l'Esprit, alors qu'aujourd'hui nous nous sentons secs, abandonnés ? Peut-être en ne cherchant pas à nous distraire, mais en nous laissant creuser par le désir de la présence de Dieu, dépouiller de tout ce qui l'empêche d'être « tout » en nous. Peut-être aussi en vivant de façon plus fidèle les commandements de l'amour, de la garde de la Parole, pour que « jaillisse » à nouveau notre « lumière » (Is 58). Si nous n'avons pas encore vécu une telle expérience, ne nous décourageons pas. Osons la demander, sachons déposer aux pieds de Jésus notre impuissance. Et surtout, qui que nous soyons, apprenons à faire fond sur la prière du Christ pour nous, dans la certitude que le Père l'exaucera : prière qu'il évoque dans ce texte, prière qu'il formulera au chapitre 17 de l'évangile de Jean pour que nous soyons un en lui, avec lui et entre nous.

Le temps de la prière

« Béni soit Dieu qui n'a pas écarté ma prière, ni détourné de moi son amour. » (Ps 65, 20) ■

Emmanuelle Billoteau, ermite

LE SAINT DU MOIS

17 MAI : SAINT PASCAL BAYLON (1540-1592)

Des brebis et des hommes

Lorsqu'il gardait son troupeau, Pascal Baylon devait se sentir en communion avec le Christ, lui qui, dans une célèbre parabole, s'est défini de façon métaphorique comme « le bon berger » (cf. Jn 10, 14). Ce fils de paysans espagnols, né en 1540 à Torrehermosa (province de Saragosse), veillait toujours attentivement sur ses brebis. Quand elles paissaient, il en profitait pour prier et louer le Seigneur pour la beauté de la Création.

Peu à peu, le jeune homme éprouva le désir d'être encore plus proche du Christ en entrant dans la vie religieuse. Après un premier refus à l'âge de 20 ans, il finit par être admis quatre ans plus tard comme frère convers chez les franciscains déchaussés de Monforte, près de Valence. On lui confia alors la fonction de portier. Mais, en un sens, Pascal resta encore un peu berger : ses brebis étaient désormais les personnes qui se présentaient au couvent et qu'il accueillait avec bonté, bonne humeur et disponibilité. Il les aidait par sa charité et les guidait de ses conseils.

Le reste de son temps, Pascal le passait dans l'église à adorer le Seigneur présent dans le Saint-Sacrement. Les autres franciscains, impressionnés par l'ardeur de sa dévotion, lui conseillèrent de se faire prêtre, afin de pouvoir célébrer lui-même la messe. Mais l'humble Pascal refusa, ne s'en sentant pas digne : il préférait demeurer simple frère convers. Dès lors, hormis une mission inattendue et périlleuse en France (alors en pleine guerre de religion), sa vie continua à se partager entre les diverses fonctions qu'on lui confiait (portier, mais aussi quêteur, cuisinier, jardinier) et l'adoration eucharistique.

Le 17 mai 1592, dimanche de Pentecôte, frère Pascal, qui avait toujours cherché à se rapprocher du Seigneur, s'en alla à sa rencontre. Juste après sa mort, de très nombreux miracles se produisirent sur sa tombe, entraînant sa béatification en 1618 et sa canonisation en 1690. ■

Xavier Lecœur, journaliste et historien

UN SAINT POUR AUJOURD'HUI

En 1897, saint Pascal Baylon a été proclamé patron des congrès eucharistiques internationaux. Ces rassemblements (le prochain aura lieu en 2024, en Équateur) nous rappellent ce que saint Pascal avait compris et vécu en son temps : l'eucharistie est au centre de la vie chrétienne.

LUNDI 15 MAI 2023

6E SEMAINE DE PÂQUES COULEUR LITURGIQUE : BLANC

Temps pascal, *messe de la férie*

Antienne d'ouverture

Ressuscité d'entre les morts,
le Christ ne meurt plus ;
sur lui, la mort n'a plus de pouvoir,
alléluia. (Rm 6, 9)

Prière

Dieu de miséricorde, donne-nous de voir fructifier, tout au long de notre vie, ce que nous célébrons dans le temps pascal. Par Jésus… — ***Amen.***

Lecture

du livre des Actes des Apôtres (16, 11-15)

« Le Seigneur lui ouvrit l'esprit pour la rendre attentive à ce que disait Paul »

Avec Paul, de Troas nous avons gagné le large et filé tout droit sur l'île de Samothrace, puis, le lendemain, sur Néapolis, et ensuite sur Philippes, qui est une cité du premier district de Macédoine et une colonie romaine. Nous avons passé un certain temps dans cette ville et, le jour du sabbat, nous en avons franchi la porte pour rejoindre le bord de la rivière, où nous pensions trouver un lieu de prière. Nous nous sommes assis, et nous avons parlé aux femmes qui s'étaient réunies.

L'une d'elles nommée Lydie, une négociante en étoffes de pourpre, originaire de la ville de Thyatire, et qui adorait le Dieu unique, écoutait. Le Seigneur lui ouvrit l'esprit pour la rendre attentive à ce que disait Paul. Quand elle fut baptisée, elle et tous les gens de sa maison, elle nous adressa cette invitation : « Si vous avez reconnu ma foi au Seigneur, venez donc dans ma maison pour y demeurer. » C'est ainsi qu'elle nous a forcé la main.

– Parole du Seigneur.

Psaume 149

℟ ***Le Seigneur aime son peuple !***

OU

Alléluia !

Chantez au Seigneur un chant nouveau,
louez-le dans l'assemblée de ses fidèles !
En Israël, joie pour son créateur ;
dans Sion, allégresse pour son Roi ! ℟

Dansez à la louange de son nom,
jouez pour lui, tambourins et cithares !
Car le Seigneur aime son peuple,
il donne aux humbles
l'éclat de la victoire. ℟

Que les fidèles exultent, glorieux,
criant leur joie à l'heure du triomphe.
Qu'ils proclament les éloges de Dieu :
c'est la fierté de ses fidèles. ℟

Acclamation de l'Évangile

Alléluia. Alléluia. L'Esprit de vérité rendra témoignage en ma faveur, dit le Seigneur. Et vous aussi, vous allez rendre témoignage. ***Alléluia.***

Évangile de Jésus Christ

selon saint Jean (15, 26 – 16, 4a)

« L'Esprit de vérité rendra témoignage en ma faveur »

En ce temps-là, Jésus disait à ses disciples : « Quand viendra le Défenseur, que je vous enverrai d'auprès du Père, lui, l'Esprit de vérité qui procède du Père, il rendra témoignage en ma faveur. Et vous aussi, vous allez rendre témoignage, car vous êtes avec moi depuis le commencement. Je vous parle ainsi, pour que vous ne soyez pas scandalisés. On vous exclura des assemblées. Bien plus, l'heure vient où tous ceux qui vous tueront s'imagineront qu'ils rendent un culte à Dieu. Ils feront cela, parce qu'ils n'ont connu ni le Père ni moi. Eh bien, voici pourquoi je vous dis cela : quand l'heure sera venue, vous vous souviendrez que je vous l'avais dit. »

Prière sur les offrandes

Accueille, nous t'en prions, Seigneur, les dons de ton Église en fête ; tu es pour elle à l'origine d'un si grand bonheur : qu'il s'épanouisse en joie éternelle. Par le Christ, notre Seigneur. ***— Amen.***

Préface du temps pascal, p. 222.

Antienne de la communion

Jésus, debout au milieu
des disciples, leur dit :
« La paix soit avec vous »,
alléluia. (Jn 20, 19)

Prière après la communion

Regarde avec bonté, Seigneur, nous t'en prions, le peuple que tu as rénové par tes sacrements ; accorde-nous de parvenir à la vie incorruptible lorsque notre chair ressuscitera dans la gloire. Par le Christ, notre Seigneur. **— *Amen.***

INVITATION

Troisième semaine du mois de Marie. Je peux m'associer à la communauté des lecteurs qui prient ensemble la Vierge dans le parcours Mois de Marie sur le site ou l'application de *Prions en Église*.

COMMENTAIRE

Ouverture d'esprit et de cœur Actes 16, 11-15 ; Jean 15, 26 – 16, 4a

Être témoins de Jésus Christ ne nous laisse pas indemnes. Des oppositions se lèvent, parfois dangereuses, comme celles annoncées dans l'évangile de Jean. D'un autre côté, des cœurs s'ouvrent et des amitiés uniques se nouent, comme entre Paul, ses compagnons et Lydie, première chrétienne de Philippes. N'ayons pas peur de cette aventure passionnante où l'action de l'Esprit reconfigure nos relations. ■

***Jean-Marc Liautaud**, Fondacio*

MARDI 16 MAI 2023

6ᴱ SEMAINE DE PÂQUES COULEUR LITURGIQUE : BLANC

Temps pascal, *messe de la férie*

Antienne d'ouverture

Soyons dans la joie, exultons, et rendons gloire à Dieu !
Il règne, le Seigneur notre Dieu, le Souverain
de l'univers, alléluia. (Ap 19, 7. 6)

Prière

Dieu de puissance et de miséricorde, donne-nous d'avoir vraiment part à la résurrection du Christ, ton Fils. Lui qui… — ***Amen.***

Lecture

du livre des Actes des Apôtres (16, 22-34)

« Crois au Seigneur Jésus, et tu seras sauvé, toi et toute ta maison »

En ces jours-là, dans la ville de Philippes, la foule se déchaîna contre Paul et Silas. Les magistrats ordonnèrent de leur arracher les vêtements pour leur donner la bastonnade. Après les avoir roués de coups, on les jeta en prison, en donnant au geôlier la consigne de les surveiller de près. Pour appliquer cette consigne, il les mit tout au fond de la prison, avec les pieds coincés dans des blocs de bois.

Vers le milieu de la nuit, Paul et Silas priaient et chantaient les louanges de Dieu, et les autres détenus les écoutaient. Tout à coup, il

y eut un violent tremblement de terre, qui secoua les fondations de la prison : à l'instant même, toutes les portes s'ouvrirent, et les liens de tous les détenus se détachèrent. Le geôlier, tiré de son sommeil, vit que les portes de la prison étaient ouvertes ; croyant que les détenus s'étaient évadés, il dégaina son épée et il était sur le point de se donner la mort. Mais Paul se mit à crier d'une voix forte : « Ne va pas te faire de mal, nous sommes tous là. » Ayant réclamé de la lumière, le geôlier se précipita et, tout tremblant, se jeta aux pieds de Paul et de Silas. Puis il les emmena dehors et leur demanda : « Que dois-je faire pour être sauvé, mes seigneurs ? » Ils lui répondirent : « Crois au Seigneur Jésus, et tu seras sauvé*, toi et toute ta maison. » Ils lui annoncèrent la parole du Seigneur, ainsi qu'à tous ceux qui vivaient dans sa maison. À l'heure même, en pleine nuit, le geôlier les emmena pour laver leurs plaies. Aussitôt, il reçut le baptême avec tous les siens. Puis il fit monter chez lui Paul et Silas, il fit préparer la table et, avec toute sa maison, il laissa déborder sa joie de croire en Dieu. – Parole du Seigneur.

Psaume 137 (138)

℟ ***Ta main droite me sauve, Seigneur.***

OU

Alléluia !

De tout mon cœur, Seigne<u>u</u>r, je te rends grâce :
tu as entendu les par<u>o</u>les de ma bouche.

Je te chante en prés<u>e</u>nce des anges,
vers ton temple sacr<u>é</u>, je me prosterne. ℟

Je rends grâce à ton nom pour ton amour et ta vérité,
car tu élèves, au-dessus de tout, ton nom et ta parole.
Le jour où tu répondis à mon appel,
tu fis grandir en mon âme la force. ℟

Ta droite me rend vainqueur.
Le Seigneur fait tout pour moi !
Seigneur, éternel est ton amour :
n'arrête pas l'œuvre de tes mains. ℟

Acclamation de l'Évangile

Alléluia. Alléluia. Je vous enverrai l'Esprit de vérité, dit le Seigneur ; il vous conduira dans la vérité tout entière. ***Alléluia.***

Évangile de Jésus Christ

selon saint Jean (16, 5-11)

« Si je ne m'en vais pas, le Défenseur ne viendra pas à vous »

En ce temps-là, Jésus disait à ses disciples : « Je m'en vais maintenant auprès de Celui qui m'a envoyé, et aucun de vous ne me demande : "Où vas-tu ?" Mais, parce que je vous dis cela, la tristesse remplit votre cœur. Pourtant, je vous dis la vérité : il vaut mieux pour vous que je m'en aille, car, si je ne m'en vais pas, le Défenseur ne viendra pas à vous ; mais si je pars, je vous l'enverrai. Quand il viendra, il établira la culpabilité du monde en matière de péché, de justice et de jugement. En matière de péché, puisqu'on ne croit pas en moi. En matière de justice, puisque je m'en vais auprès du Père, et que vous ne me verrez plus. En matière de jugement, puisque déjà le prince de ce monde est jugé. »

Prière sur les offrandes

Donne-nous, Seigneur, nous t'en prions, de toujours te rendre grâce par ces mystères de Pâques ; qu'ils continuent l'œuvre de notre relèvement et deviennent pour nous une source intarissable de joie. Par le Christ, notre Seigneur. **— *Amen.***

Préface du temps pascal, p. 222.

Antienne de la communion

Il fallait que le Christ
connaisse la souffrance
et ressuscite d'entre les morts
pour entrer dans sa gloire,
alléluia.
(cf. Lc 24, 46. 26)

Prière après la communion

Écoute nos prières, Seigneur : que cet échange très saint où l'homme est racheté nous soutienne durant la vie présente et nous procure les joies éternelles. Par le Christ, notre Seigneur.
— *Amen.*

INVITATION

Que, comme Paul et Silas, malgré les difficultés,
je continue à prier et chanter les louanges de Dieu !

COMMENTAIRE

Scène d'intérieur Actes 16, 22-34

L'aventure de Paul et Silas nous montre comment Dieu réalise la promesse faite par Jésus dans l'évangile de Jean. La louange persistante des témoins emprisonnés fraye un chemin à la puissance de l'Esprit qui vient les consoler et retourne leur gardien. Il s'agit bien d'une scène de jugement, où le péché des autorités est dénoncé et réparé, où un témoin privilégié accède à la foi et à la justice. ■

Jean-Marc Liautaud, *Fondacio*

❊ CLÉ DE LECTURE

« Tu seras sauvé » Actes 16, 31 *(p. 107)*

La notion de « salut » est floue. Nous en avons des expériences concrètes, lorsque quelqu'un réchappe d'un accident grave ou guérit d'une maladie mortelle. Mais la dimension d'un salut de l'humanité est désormais liée à l'avenir de la planète, dont la « santé » se détériore trop rapidement. Le salut chrétien ne saurait lui être étranger, mais la voie qu'il propose reste singulière : c'est d'abord le cœur humain que Dieu veut guérir du repliement sur soi, de l'autosatisfaction, de la jalousie et de la haine, pour qu'il s'ouvre au partage, à une attention active à l'autre et au monde. Ce salut se reconnaît à la joie que donne une espérance que rien ne saurait altérer : elle est fondée en celui qui a traversé la mort pour nous faire entrer dans sa vie. ■

Roselyne Dupont-Roc, *bibliste*

Temps pascal, *messe de la férie*

Antienne d'ouverture

Je te rendrai grâce parmi les peuples, Seigneur ;
je proclamerai ton nom devant mes frères, alléluia. (Ps 17, 50 ; 21, 23)

Prière

Puisque nous célébrons dans la foi, Seigneur, la résurrection de ton Fils, accorde-nous de partager la joie de tous les saints lors de son avènement. Lui qui… ***— Amen.***

Lecture

du livre des Actes des Apôtres (17, 15. 22 – 18, 1)

« Ce que vous vénérez sans le connaître, voilà ce que, moi, je viens vous annoncer »

En ces jours-là, ceux qui escortaient Paul le conduisirent jusqu'à Athènes. Puis ils s'en retournèrent, porteurs d'un message, avec l'ordre, pour Silas et Timothée, de rejoindre Paul le plus tôt possible.

Alors Paul, debout au milieu de l'Aréopage, fit ce discours : « Athéniens, je peux observer que vous êtes, en toutes choses, des hommes particulièrement religieux. En effet, en me promenant et en observant vos monuments sacrés, j'ai même trouvé un autel avec cette inscription : "Au dieu inconnu." Or, ce que vous vénérez sans le connaître, voilà ce que,

moi, je viens vous annoncer. Le Dieu qui a fait le monde et tout ce qu'il contient, lui qui est Seigneur du ciel et de la terre, n'habite pas des sanctuaires faits de main d'homme ; il n'est pas non plus servi par des mains humaines, comme s'il avait besoin de quoi que ce soit, lui qui donne à tous la vie, le souffle et tout le nécessaire. À partir d'un seul homme, il a fait tous les peuples pour qu'ils habitent sur toute la surface de la terre, fixant les moments de leur histoire et les limites de leur habitat ; Dieu les a faits pour qu'ils le cherchent et, si possible, l'atteignent* et le trouvent, lui qui, en fait, n'est pas loin de chacun de nous. Car c'est en lui que nous avons la vie, le mouvement et l'être. Ainsi l'ont également dit certains de vos poètes : *Nous sommes de sa descendance.* Si donc nous sommes de la descendance de Dieu, nous ne devons pas penser que la divinité est pareille à une statue d'or, d'argent ou de pierre sculptée par l'art et l'imagination de l'homme. Et voici que Dieu, sans tenir compte des temps où les hommes l'ont ignoré, leur enjoint maintenant de se convertir, tous et partout. En effet, il a fixé le jour où il va juger la terre avec justice, par un homme qu'il a établi pour cela, quand il l'a accrédité auprès de tous en le ressuscitant d'entre les morts. » Quand ils entendirent parler de résurrection des morts, les uns se moquaient, et les autres déclarèrent : « Là-dessus nous t'écouterons une autre fois. » C'est ainsi que Paul, se retirant du milieu d'eux, s'en alla. Cependant quelques hommes s'attachèrent à lui et devinrent croyants. Parmi eux, il y avait Denys, membre de l'Aréopage, et une femme nommée Damaris, ainsi que d'autres avec eux. Après cela, Paul s'éloigna d'Athènes et se rendit à Corinthe. – Parole du Seigneur.

Psaume 148

℟ ***Le ciel et la terre sont remplis de ta gloire.***
OU
Alléluia !

Louez le Seigneur du haut des cieux,
louez-le dans les hauteurs.
Vous, tous ses anges, louez-le,
louez-le, tous les univers. ℟

Les rois de la terre et tous les peuples,
les princes et tous les juges de la terre ;
tous les jeunes gens et jeunes filles,
les vieillards comme les enfants. ℟

Qu'ils louent le nom du Seigneur,
le seul au-dessus de tout nom ;
sur le ciel et sur la terre, sa splendeur :
louange de tous ses fidèles ! ℟

Acclamation de l'Évangile

Alléluia. Alléluia. Moi, je prierai le Père, et il vous donnera un autre Défenseur qui sera pour toujours avec vous. ***Alléluia.***

Évangile de Jésus Christ

selon saint Jean (16, 12-15)

« L'Esprit de vérité vous conduira dans la vérité tout entière »

En ce temps-là, Jésus disait à ses disciples : « J'ai encore beaucoup de choses à vous dire, mais pour l'instant vous ne pouvez pas les porter. Quand il viendra, lui, l'Esprit de vérité, il vous conduira dans la vérité tout entière. En effet, ce qu'il dira ne viendra pas de lui-même : mais ce

qu'il aura entendu, il le dira ; et ce qui va venir, il vous le fera connaître. Lui me glorifiera, car il recevra ce qui vient de moi pour vous le faire connaître. Tout ce que possède le Père est à moi ; voilà pourquoi je vous ai dit : L'Esprit reçoit ce qui vient de moi pour vous le faire connaître. »

Prière sur les offrandes

Seigneur notre Dieu, dans l'admirable échange du sacrifice eucharistique, tu nous fais participer à ton unique et souveraine divinité ; nous avons reçu la connaissance de ta vérité : accorde-nous de lui être fidèles par toute notre vie. Par le Christ, notre Seigneur. ***— Amen.***

Préface du temps pascal, p. 222.

Antienne de la communion

Je vous ai choisis en vous prenant dans le monde, dit le Seigneur, afin que vous alliez, que vous portiez du fruit et que votre fruit demeure, alléluia. (Jn 15, 19. 16)

Prière après la communion

Dans ta bienveillance, reste auprès de ton peuple, nous t'en prions, Seigneur ; puisque tu l'as initié aux sacrements du ciel, fais-le passer de ce qui est ancien à la vie nouvelle. Par le Christ, notre Seigneur. ***— Amen.***

INVITATION

En cette veille de l'Ascension, je peux demander à l'Esprit de vérité de faire de moi un témoin.

COMMENTAIRE

Inconnu au panthéon

Actes 17, 15. 22 – 18, 1 ; Jean 16, 12-15

Les deux lectures se font écho. Jésus annonce aux siens que l'Esprit leur dévoilera des facettes encore cachées de la vérité. À Athènes, nous voyons Paul déployer cette créativité de l'Esprit et inaugurer un style missionnaire inédit en misant sur l'ouverture des Grecs « au dieu inconnu ». Laissons l'Esprit renouveler nos schémas de compréhension et nos langages au contact des autres. ■

***Jean-Marc Liautaud,** Fondacio*

✲ CLÉ DE LECTURE

« Et, si possible, l'atteignent »

Actes 17, 27 *(p. 112)*

Le verbe, rare, employé ici signifie plutôt « tâter, palper », avec l'idée de tâtonnement. Mais alors, s'agit-il seulement de chercher Dieu à tâtons ou de le chercher au point de pouvoir le toucher ? Paul rappelle aux Athéniens que, comme de nombreux peuples, ils sont en quête d'une puissance qui les dépasse, en quête du « dieu inconnu ». Or, si l'être humain est habité par une insatisfaction profonde, un désir de sens, un besoin profond de communion, c'est que Dieu l'a créé « à son image » et l'a orienté vers lui. Mais la nouveauté inouïe, inimaginable, c'est que Jésus, son Fils, né dans notre chair, a pu être touché, « palpé » par ses propres disciples (cf. 1 Jn 1, 1). En lui, Dieu a rejoint l'humanité pour que l'humanité puisse, un jour, rejoindre Dieu. ■

***Roselyne Dupont-Roc,** bibliste*

JEUDI 18 MAI 2023

ASCENSION DU SEIGNEUR

ANNÉE A – COULEUR LITURGIQUE : BLANC

« De toutes les nations faites des disciples. »

Matthieu 28, 19

« Pourquoi restez-vous là à regarder le ciel ? » Où nous situons-nous ? Avec ceux pour qui la terre est tout et le ciel n'est rien ? Avec ceux pour qui la terre n'est rien et le ciel est tout ? Ou avec ceux pour qui le ciel est déjà présent sur la terre, avec ceux qui cherchent à y faire germer l'Évangile ?

RITES INITIAUX

Chant d'entrée *(Suggestions p. 246)*
OU
Antienne d'ouverture
Hommes de Galilée, pourquoi restez-vous là à regarder
vers le ciel ? Il viendra de la même manière,
celui que vous avez vu s'en aller vers le ciel, alléluia.
(cf. Ac 1, 11)

Suggestion de préparation pénitentielle *(ou p. 215)*
Le Seigneur demeure présent au milieu de nous. Dans la confiance, tournons-nous vers lui et reconnaissons que nous sommes pécheurs.

Seigneur Jésus, tu nous donnes un esprit de sagesse pour te connaître vraiment. Kyrie, eleison.
— Kyrie, eleison.
Ô Christ, tu ouvres notre cœur à ta lumière. Christe, eleison.
— Christe, eleison.
Seigneur Jésus, tu nous promets la force de l'Esprit. Kyrie, eleison.
— Kyrie, eleison.

Que Dieu tout-puissant nous fasse miséricorde ; qu'il nous pardonne nos péchés et nous conduise à la vie éternelle. ***— Amen.***

Gloire à Dieu *(p. 218)*

Prière

Dieu tout-puissant, fais-nous exulter d'une joie sainte et nous réjouir dans une fervente action de grâce, car l'ascension de ton Fils, le Christ, nous introduit déjà auprès de toi, nous, les membres du corps dont il est la tête, appelés à vivre en espérance dans la gloire où il nous a précédés. Lui qui… ***— Amen.***

OU

Nous t'en prions, Dieu tout-puissant : puisque nous croyons que ton Fils unique, notre Rédempteur, est aujourd'hui monté au ciel, accorde-nous d'habiter en esprit dans la demeure des cieux. Par Jésus… ***— Amen.***

LITURGIE DE LA PAROLE

Lecture du livre des Actes des Apôtres (1, 1-11)

« Tandis que les Apôtres le regardaient, il s'éleva »

Cher Théophile, dans mon premier livre, j'ai parlé de tout ce que Jésus a fait et enseigné depuis le moment où il commença, jusqu'au jour où il fut enlevé au ciel, après avoir, par l'Esprit Saint, donné ses instructions aux Apôtres qu'il avait choisis. C'est à eux qu'il s'est présenté vivant après sa Passion ; il leur en a donné bien des preuves, puisque, pendant quarante jours, il leur est apparu et leur a parlé du royaume de Dieu.

Au cours d'un repas qu'il prenait avec eux, il leur donna l'ordre de ne pas quitter Jérusalem, mais d'y attendre que s'accomplisse la promesse du Père. Il déclara : « Cette promesse, vous l'avez entendue de ma bouche : alors que Jean a baptisé avec l'eau, vous, c'est dans l'Esprit Saint que vous serez baptisés d'ici peu de jours. » Ainsi réunis, les Apôtres l'interrogeaient : « Seigneur, est-ce maintenant le temps où tu vas rétablir le royaume pour Israël ? » Jésus leur répondit : « Il ne vous appartient pas de connaître les temps et les moments que le Père a fixés de sa propre autorité. Mais vous allez recevoir une force quand le Saint-Esprit viendra sur vous ; vous serez alors mes témoins à Jérusalem, dans toute la Judée et la Samarie, et jusqu'aux extrémités de la terre. »
Après ces paroles, tandis que les Apôtres le regardaient, il s'éleva, et une nuée vint le soustraire à leurs yeux. Et comme ils fixaient encore le ciel où Jésus s'en allait, voici que, devant eux, se tenaient deux hommes en vêtements blancs, qui leur dirent : « Galiléens, pourquoi restez-vous là à regarder vers le ciel ? Ce Jésus qui a été enlevé au ciel d'auprès de vous, viendra de la même manière que vous l'avez vu s'en aller vers le ciel. »
– Parole du Seigneur.

Psaume 46 (47)

℟ ***Dieu s'élève parmi les ovations, le Seigneur, aux éclats du cor.***

OU ***Alléluia !***

T. : AELF ; M. : B. Delattre ; Éd. : ADF.

Tous les peuples, battez des mains,
acclamez Dieu par vos cris de joie !
Car le Seigneur est le Très-Haut, le redoutable,
le grand roi sur toute la terre. ℟

Retrouvez ce psaume sur le CD "Les psaumes de l'année A"

Dieu s'élève parmi les ovations,
le Seigneur, aux éclats du cor.
Sonnez pour notre Dieu, sonnez,
sonnez pour notre roi, sonnez ! ℟

Car Dieu est le roi de la terre :
que vos musiques l'annoncent !
Il règne, Dieu, sur les païens,
Dieu est assis sur son trône sacré. ℟

Lecture de la lettre de saint Paul apôtre aux Éphésiens (1, 17-23)

« Dieu l'a fait asseoir à sa droite dans les cieux »

Frères, que le Dieu de notre Seigneur Jésus Christ, le Père dans sa gloire, vous donne un esprit de sagesse qui vous le révèle et vous le fasse vraiment connaître. Qu'il ouvre à sa lumière les yeux de votre cœur, pour que vous sachiez quelle espérance vous ouvre son appel, la gloire sans prix de l'héritage que vous partagez avec les fidèles, et quelle puissance incomparable il déploie pour nous, les croyants : c'est l'énergie, la force, la vigueur qu'il a mise en œuvre dans le Christ quand il l'a ressuscité d'entre les morts et qu'il l'a fait asseoir à sa droite dans les cieux.
Il l'a établi au-dessus de tout être céleste : Principauté, Souveraineté, Puissance et Domination, au-dessus de tout nom que l'on puisse nommer, non seulement dans le monde présent mais aussi dans

le monde à venir. Il a tout mis sous ses pieds et, le plaçant plus haut que tout, il a fait de lui la tête de l'Église qui est son corps, et l'Église, c'est l'accomplissement total du Christ, lui que Dieu comble totalement de sa plénitude.
– Parole du Seigneur.

Acclamation de l'Évangile

Alléluia. Alléluia. Allez ! De toutes les nations faites des disciples, dit le Seigneur. Moi, je suis avec vous tous les jours jusqu'à la fin du monde. ***Alléluia.***

IU 56-65 ; M. : P. Robert ; Bayard Liturgie.

Évangile de Jésus Christ selon saint Matthieu 28, 16-20

« Tout pouvoir m'a été donné au ciel et sur la terre »

En ce temps-là, les onze disciples s'en allèrent en Galilée, à la montagne où Jésus leur avait ordonné de se rendre. Quand ils le virent, ils se prosternèrent, mais certains eurent des doutes. Jésus s'approcha d'eux et leur adressa ces paroles : « Tout pouvoir m'a été donné au ciel et sur la terre. Allez ! De toutes les nations faites des disciples : baptisez-les au nom du Père, et du Fils, et du Saint-Esprit, apprenez-leur à observer tout ce que je vous ai commandé. Et moi, je suis avec vous tous les jours jusqu'à la fin du monde. »

Homélie

Profession de foi *(p. 219)*

Suggestion de prière universelle

Le prêtre :

Le Christ ressuscité ne nous abandonne pas, il compte sur nous comme témoins de la Bonne Nouvelle. Prions-le en toute confiance.

℟ ***Ô Christ ressuscité, exauce-nous.***

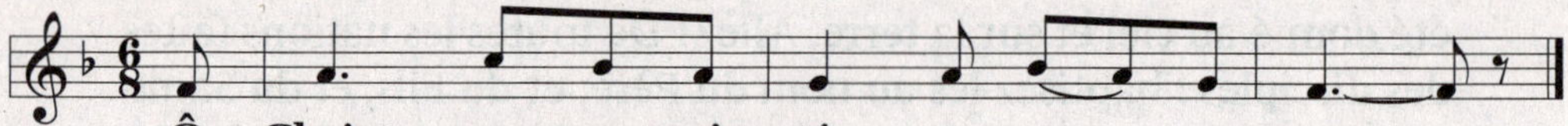

Missel noté de l'assemblée 35.32.

Le diacre ou un lecteur :

« Certains eurent des doutes. » Prions pour ceux qui annoncent l'Évangile à temps et à contretemps, dans toutes les nations. ℟

« Certains eurent des doutes. » Prions pour les chefs d'État et les hommes politiques habités par la foi et appelés à compter sur l'Esprit promis à tout homme de bonne volonté. ℟

« Certains eurent des doutes. » Prions pour les déshérités de la vie, pour les malades et les personnes seules qui ont du mal à recevoir le témoignage des croyants. ℟

« Certains eurent des doutes. » Prions pour les personnes qui, dans notre assemblée, souffrent de l'absence d'un être cher et dont le deuil est difficile. ℟

(Ces intentions seront adaptées ou modifiées selon les circonstances.)

Le prêtre :
Ô Christ, élevé aujourd'hui dans la gloire, exauce nos prières, toi qui vis et règnes pour les siècles des siècles. **— *Amen.***

LITURGIE EUCHARISTIQUE

Prière sur les offrandes

Seigneur, en ce jour où nous fêtons l'admirable ascension de ton Fils auprès de toi, nous te présentons humblement ce sacrifice ; nous t'en prions, fais que cet échange très saint élève nos cœurs vers les réalités célestes. Par le Christ, notre Seigneur. **— *Amen.***

Prière eucharistique

(1re préface de l'Ascension)

Vraiment, il est juste et bon, pour ta gloire et notre salut, de t'offrir notre action de grâce, toujours et en tout lieu, Seigneur, Père très saint, Dieu éternel et tout-puissant. Car le Seigneur Jésus, le Roi de gloire, vainqueur du péché et de la mort, s'élève aujourd'hui au plus haut des cieux devant les anges émerveillés, lui, le Médiateur entre Dieu et les hommes, Juge du monde et Seigneur de l'univers. Sans quitter notre condition humaine, le premier, il entre au ciel, tête de l'Église et commencement de tout ce qui existe, et il donne aux membres de son corps l'espérance de le rejoindre un jour. C'est pourquoi la joie pascale rayonne par tout l'univers, la terre entière exulte, les puissances d'en haut et les anges dans le ciel chantent sans fin l'hymne de ta gloire : ***Saint ! Saint ! Saint...***

Chant de communion (Suggestions p. 246)

OU

Antienne de la communion

Je suis avec vous tous les jours,
jusqu'à la fin du monde, alléluia.
(Mt 28, 20)

Prière après la communion

Dieu éternel et tout-puissant, tu nous donnes d'avoir part aux mystères divins alors que nous sommes encore sur la terre ; mets en nos cœurs un grand désir d'être unis au Christ en qui notre nature humaine est déjà près de toi. Lui qui…
— Amen.

RITE DE CONCLUSION

Bénédiction solennelle

Aujourd'hui, le Fils unique est entré au plus haut des cieux, il a ouvert la voie pour que vous puissiez vous élever jusqu'à lui ; que Dieu tout-puissant vous comble de sa bénédiction.
— Amen.

Après sa résurrection, le Christ s'est manifesté à ses disciples : quand il viendra pour le jugement, qu'il vous soit favorable à jamais.
— Amen.
Le Christ, vous le croyez, siège avec le Père dans la gloire : puissiez-vous éprouver, avec joie, qu'il reste auprès de vous jusqu'à la fin du monde, comme il vous l'a promis.
— Amen.
Et que la bénédiction de Dieu tout-puissant, le Père, et le Fils, ✠ et le Saint-Esprit, descende sur vous et y demeure toujours.

Envoi

COMMENTAIRE DU JEUDI DE L'ASCENSION

Emmanuel Schwab, curé de la paroisse Saint-Léon, Paris (XVe)

Formation à la vie de disciple

La finale de l'évangile de saint Matthieu nous donne les consignes de Jésus pour le temps qui suit son Ascension. Ces quelques versets méritent qu'on en fasse une lecture attentive. Dans la version grecque du texte reçu, un seul verbe est à l'impératif, celui que nous traduisons par « faites des disciples ». Les autres verbes sont des participes qui indiquent l'occasion ou les moyens de cette « école de disciples » : « Chemin faisant, faites des disciples, les baptisant, leur apprenant. » Suit la promesse de l'indéfectible présence du Seigneur à ses disciples. Voilà qui suggère que la vie chrétienne est une vie de disciple. Cela fait écho à l'appel de Jésus à la fin du chapitre 11 du même évangile : « Prenez sur vous mon joug, devenez mes disciples » (Mt 11, 29).

Mais comment conduit-on quelqu'un à se faire disciple de Jésus ? Cette question a sa place au cœur de nos communautés. Ce lien de disciple à Jésus n'est pas seulement un lien ordinaire de disciple à maître. Car, par le baptême, nous sommes associés à Jésus, unis à lui, de telle sorte que Paul, dans la deuxième lecture, nous dévoile que Dieu le Père déploie en nous « l'énergie, la force, la vigueur qu'il a mise en œuvre dans le Christ quand il l'a ressuscité d'entre les morts et qu'il l'a fait asseoir à sa droite dans les cieux ».
Être disciple de Jésus, c'est donc, à la fois, écouter sa parole et la mettre en pratique, et participer à son mystère pascal.

Quels sont les repères d'une vie de disciple de Jésus ?

Qu'est-ce que les catéchumènes nous font découvrir de la radicale nouveauté d'une vie de disciple de Jésus ?

Comment cette question habite-t-elle nos communautés ? ■

VENDREDI 19 MAI 2023

6E SEMAINE DE PÂQUES COULEUR LITURGIQUE : BLANC

Temps pascal, *messe de la férie*
ou, en France, **saint Yves**

Antienne d'ouverture

Tu nous as rachetés par ton sang, Seigneur, de toute tribu, langue, peuple et nation : tu as fait de nous pour notre Dieu un royaume et des prêtres, alléluia. (cf. Ap 5, 9-10)

Prière

Seigneur Dieu, dans la résurrection du Christ, tu nous recrées pour la vie éternelle ; dirige nos regards vers celui qui siège à ta droite, l'auteur de notre salut, ainsi, au jour où notre Sauveur viendra en majesté, ceux que tu as fait renaître par le baptême seront revêtus de l'immortalité bienheureuse. Par Jésus…

— Amen.

Lecture

du livre des Actes des Apôtres (18, 9-18)

« Dans cette ville j'ai pour moi un peuple nombreux »

À Corinthe, une nuit, le Seigneur dit à Paul dans une vision : « Sois sans crainte : parle, ne garde pas le silence. Je suis avec toi, et personne ne s'en prendra à toi pour te maltraiter, car dans cette ville j'ai pour moi un peuple nombreux. » Paul y séjourna un an et demi et il enseignait parmi les Corinthiens la parole de Dieu. Sous le proconsulat de Gallion en

Grèce, les Juifs, unanimes, se dressèrent contre Paul et l'amenèrent devant le tribunal, en disant : « La manière dont cet individu incite les gens à adorer le Dieu unique est contraire à la loi. » Au moment où Paul allait ouvrir la bouche, Gallion déclara aux Juifs : « S'il s'agissait d'un délit ou d'un méfait grave, je recevrais votre plainte à vous, Juifs, comme il se doit. Mais s'il s'agit de débats sur des mots, sur des noms et sur la Loi qui vous est propre, cela vous regarde. Être juge en ces affaires, moi je m'y refuse. » Et il les chassa du tribunal. Tous alors se saisirent de Sosthène, chef de synagogue, et se mirent à le frapper devant le tribunal, tandis que Gallion restait complètement indifférent. Paul demeura encore assez longtemps à Corinthe. Puis il fit ses adieux aux frères et s'embarqua pour la Syrie, accompagné de Priscille et d'Aquila. À Cencrées, il s'était fait raser la tête, car le vœu qui le liait avait pris fin. – Parole du Seigneur.

Psaume 46 (47)

℟ ***Dieu est le roi de toute la terre.*** OU ***Alléluia !***

Tous les peuples, battez des mains,
acclamez Dieu par vos cris de joie !
Car le Seigneur est le Très-Haut, le redoutable,
le grand roi sur toute la terre. ℟

Celui qui nous soumet des nations,
qui tient des peuples sous nos pieds ;
il choisit pour nous l'héritage,
fierté de Jacob, son bien-aimé. ℟

Dieu s'élève parmi les ovations,
le Seigneur, aux éclats du cor.
Sonnez pour notre Dieu, sonnez,
sonnez pour notre roi, sonnez ! ℟

Acclamation de l'Évangile

Alléluia. Alléluia. Le Christ devait souffrir et ressusciter d'entre les morts pour entrer dans la gloire. ***Alléluia.***

Évangile de Jésus Christ

selon saint Jean (16, 20-23a)

« Votre joie, personne ne vous l'enlèvera »

En ce temps-là, Jésus disait à ses disciples : « Amen, amen, je vous le dis : vous allez pleurer et vous lamenter, tandis que le monde se réjouira ; vous serez dans la peine, mais votre peine se changera en joie. La femme qui enfante est dans la peine parce que son heure est arrivée. Mais, quand l'enfant est né, elle ne se souvient plus de sa souffrance, tout heureuse qu'un être humain soit venu au monde.

« Vous aussi, maintenant, vous êtes dans la peine, mais je vous reverrai, et votre cœur se réjouira ; et votre joie, personne ne vous l'enlèvera. En ce jour-là, vous ne me poserez plus de questions. »

Prière sur les offrandes

Reçois avec bonté les offrandes de ta famille, nous t'en prions, Seigneur, garde-la sous ta protection : qu'elle ne perde aucun des bienfaits déjà reçus, et parvienne aux dons éternels. Par le Christ, notre Seigneur. ***— Amen.***

Préface de l'Ascension, p. 224.

Antienne de la communion

Le Christ, notre Seigneur,
livré pour nos fautes,
est ressuscité
pour nous rendre justes,
alléluia. (cf. Rm 4, 25)

Prière après la communion

Nous t'en prions, Seigneur, ne cesse pas de protéger avec tendresse ceux que tu as sauvés : la passion de ton Fils les a rachetés, qu'ils trouvent leur joie dans sa résurrection. Lui qui… — ***Amen.***

INVITATION

C'est la Saint-Yves. Je peux prier particulièrement pour mes frères et sœurs des diocèses de Bretagne, dont il est le patron.

COMMENTAIRE

« Y'a d'la joie » Actes 18, 9-18 ; Jean 16, 20-23a

La joie annoncée par Jésus dans l'évangile est, tout d'abord, celle promise à ses proches, pour qui le deuil de la Croix débouchera sur la Résurrection. Mais elle est aussi la joie de tous ceux qui bénéficient de l'action de Dieu en leur faveur, comme Paul qui échappe au jugement parce qu'un proconsul avisé refuse de se mêler d'affaires religieuses. La joie est le sceau de l'Esprit. ■ *Jean-Marc Liautaud, Fondacio*

SAMEDI 20 MAI 2023

6E SEMAINE DE PÂQUES COULEUR LITURGIQUE : BLANC

Temps pascal, *messe de la férie*
ou **saint Bernardin de Sienne**

Antienne d'ouverture

Peuple racheté par Dieu, vous tous, annoncez les merveilles de celui qui vous a appelés des ténèbres à son admirable lumière, alléluia. (cf. 1 P 2, 9)

Prière

Seigneur Dieu, en montant au ciel, ton Fils a promis l'Esprit Saint aux Apôtres ; nous t'en prions : de même qu'ils reçurent des grâces multiples leur apprenant les réalités d'en haut, répands maintenant sur nous les dons de l'Esprit. Par Jésus… ***— Amen.***

Lecture

du livre des Actes des Apôtres (18, 23-28)

« Apollos démontrait par les Écritures que le Christ, c'est Jésus »

Après avoir passé quelque temps à Antioche, Paul partit. Il parcourut successivement le pays galate et la Phrygie, en affermissant tous les disciples. Or, un Juif nommé Apollos, originaire d'Alexandrie, venait d'arriver à Éphèse. C'était un homme éloquent, versé dans les Écritures. Il avait été instruit du Chemin du Seigneur ; dans la ferveur de l'Esprit, il parlait et enseignait avec précision ce qui concerne Jésus, mais, comme

baptême, il ne connaissait que celui de Jean le Baptiste. Il se mit donc à parler avec assurance à la synagogue. Quand Priscille et Aquila l'entendirent, ils le prirent à part et lui exposèrent avec plus de précision le Chemin de Dieu. Comme Apollos voulait se rendre en Grèce, les frères l'y encouragèrent, et écrivirent aux disciples de lui faire bon accueil. Quand il fut arrivé, il rendit de grands services à ceux qui étaient devenus croyants par la grâce de Dieu. En effet, avec vigueur il réfutait publiquement les Juifs, en démontrant par les Écritures que le Christ, c'est Jésus. – Parole du Seigneur.

Psaume 46 (47)

℟ ***Dieu est le roi de toute la terre.*** OU ***Alléluia !***

Tous les peuples, batt<u>e</u>z des mains,
acclamez Dieu par vos cr<u>i</u>s de joie !
Car le Seigneur est le Très-Ha<u>u</u>t,
le redoutable,
le grand roi sur to<u>u</u>te la terre. ℟

Car Dieu est le r<u>o</u>i de la terre :
que vos mus<u>i</u>ques l'annoncent !
Il règne, Die<u>u</u>, sur les païens,
Dieu est assis sur son tr<u>ô</u>ne sacré. ℟

Les chefs des peuples
se s<u>o</u>nt rassemblés :
c'est le peuple du Die<u>u</u> d'Abraham.
Les princes de la t<u>e</u>rre sont à Dieu
qui s'élève au-dess<u>u</u>s de tous. ℟

Acclamation de l'Évangile

Alléluia. Alléluia. Je suis sorti du Père, et je suis venu dans le monde ; maintenant, je quitte le monde, et je pars vers le Père. ***Alléluia.***

Évangile de Jésus Christ

selon saint Jean (16, 23b-28)

« Le Père lui-même vous aime, parce que vous m'avez aimé et vous avez cru »

En ce temps-là, Jésus disait à ses disciples : « Amen, amen, je vous le dis : ce que vous demanderez au Père en mon nom, il vous le donnera. Jusqu'à présent vous n'avez rien demandé en mon nom ; demandez, et vous recevrez : ainsi votre joie sera parfaite. En disant cela, je vous ai parlé en images. L'heure vient où je vous parlerai sans images, et vous annoncerai ouvertement ce qui concerne le Père. Ce jour-là, vous demanderez en mon nom ; or, je ne vous dis pas que moi, je prierai le Père pour vous, car le Père lui-même vous aime, parce que vous m'avez aimé et vous avez cru que c'est de Dieu que je suis sorti. Je suis sorti du Père, et je suis venu dans le monde ; maintenant, je quitte le monde, et je pars vers le Père. »

Prière sur les offrandes

Dans ta bonté, sanctifie ces dons, nous t'en prions, Seigneur ; accepte le sacrifice spirituel que nous t'offrons, et fais de nous-mêmes une éternelle offrande pour toi. Par le Christ, notre Seigneur. ***— Amen.***

Préface de l'Ascension, p. 224.

Antienne de la communion

Père, ceux que tu m'as donnés,
je veux que là où je suis,
ils soient eux aussi avec moi,
et qu'ils contemplent ma gloire,
celle que tu m'as donnée,
alléluia. (Jn 17, 24)

Prière après la communion
Seigneur, nous avons reçu les dons qui nous ont fait participer aux saints mystères, et nous te prions humblement : ton Fils nous a demandé de les célébrer en mémoire de lui, qu'ils augmentent en nous la charité. Par le Christ, notre Seigneur. — ***Amen.***

INVITATION

Demain, c'est la Journée mondiale des communications sociales.
Je peux lire le message du pape sur internet, sur le site du Vatican, par exemple.

COMMENTAIRE

Rite de passage Jean 16, 23b-28

La théologie de Jean complète celle de Luc, pour qui l'Ascension est la « montée » du Ressuscité vers Dieu préparant la « descente » de l'Esprit vers l'Église. Jean donne plutôt à comprendre le Ressuscité comme le « passage » éternellement ouvert entre Dieu et les siens. Ils sont sûrs d'être exaucés car c'est la présence et le mode d'être de Jésus, son « nom », vivants en eux, qui les relie au Père. ■

Jean-Marc Liautaud, *Fondacio*

DIMANCHE 21 MAI 2023

7E DIMANCHE DE PÂQUES

ANNÉE A – COULEUR LITURGIQUE : BLANC

« Glorifie ton Fils afin que le Fils te glorifie. Ainsi, comme tu lui as donné pouvoir sur tout être de chair, il donnera la vie éternelle à tous ceux que tu lui as donnés. » Laissons-nous porter par la supplication du Fils, par sa prière qui résume toute sa mission de salut. Pour manifester l'espérance offerte à tous les hommes, ouvrons nos cœurs au souffle de l'Esprit.

RITES INITIAUX

Chant d'entrée *(Suggestions p. 246)*
OU
Antienne d'ouverture
Écoute, Seigneur, je t'appelle. Mon cœur m'a redit ta parole :
Cherchez ma face. C'est ta face, Seigneur, que je cherche :
ne me cache pas ta face, alléluia. (Ps 26, 7-9)

Suggestion de préparation pénitentielle *(ou p. 215)*
Jésus a prié le Père pour nous. Confiants en cet amour dont nous sommes aimés, ouvrons nos cœurs à sa miséricorde.

« Le Seigneur est le rempart de ma vie ; devant qui tremblerais-je ? » Seigneur, prends pitié. ***— Seigneur, prends pitié.***

« J'ai demandé une chose au Seigneur […] Écoute […], je t'appelle ! » Ô Christ, prends pitié. ***— Ô Christ, prends pitié.***

« Pitié ! Réponds-moi ! » Prends pitié de nous. Seigneur, prends pitié. ***— Seigneur, prends pitié.***

Que Dieu tout-puissant nous fasse miséricorde ; qu'il nous pardonne nos péchés et nous conduise à la vie éternelle. ***— Amen.***

Gloire à Dieu *(p. 218)*

Prière

Sois favorable à nos supplications, Seigneur : nous croyons que le Sauveur du genre humain est auprès de toi dans la gloire ; puissions-nous éprouver qu'il demeure avec nous jusqu'à la fin du monde, comme lui-même l'a promis. Lui qui… — ***Amen.***

LITURGIE DE LA PAROLE

Lecture du livre des Actes des Apôtres (1, 12-14)

« Tous, d'un même cœur, étaient assidus à la prière »

Les Apôtres, après avoir vu Jésus s'en aller vers le ciel, retournèrent à Jérusalem depuis le lieu-dit « mont des Oliviers » qui en est proche – la distance de marche ne dépasse pas ce qui est permis le jour du sabbat. À leur arrivée, ils montèrent dans la chambre haute où ils se tenaient habituellement ; c'était Pierre, Jean, Jacques et André, Philippe et Thomas, Barthélemy et Matthieu, Jacques fils d'Alphée, Simon le Zélote, et Jude fils de Jacques. Tous, d'un même cœur, étaient assidus à la prière, avec des femmes, avec Marie la mère de Jésus, et avec ses frères.

– Parole du Seigneur.

Psaume 26 (27)

℟ ***J'en suis sûr, je verrai les bontés du Seigneur***
sur la terre des vivants. *OU* ***Alléluia !***

T. : AELF ; M. : M. Wackenheim ; Éd. : ADF.

Le Seigneur est ma lumière et mon salut ;
de qui aurais-je crainte ?
Le Seigneur est le rempart de ma vie ;
devant qui tremblerais-je ? ℟

J'ai demandé une chose au Seigneur,
la seule que je cherche :
habiter la maison du Seigneur
tous les jours de ma vie,
pour admirer le Seigneur dans sa beauté
et m'attacher à son temple. ℟

Retrouvez ce psaume sur le CD "Les psaumes de l'année A"

21 - 27

℟ ***J'en suis sûr, je verrai les bontés du Seigneur sur la terre des vivants.***
OU ***Alléluia !***

Écoute, Seigneur, je t'appelle !
Pitié ! Réponds-moi !
Mon cœur m'a redit ta parole :
« Cherchez ma face. » ℟

Lecture de la première lettre de saint Pierre apôtre (4, 13-16)

« Si l'on vous insulte pour le nom du Christ, heureux êtes-vous »

Bien-aimés, dans la mesure où vous communiez aux souffrances du Christ, réjouissez-vous, afin d'être dans la joie et l'allégresse quand sa gloire se révélera. Si l'on vous insulte pour le nom du Christ, heureux êtes-vous, parce que l'Esprit de gloire, l'Esprit de Dieu, repose sur vous. Que personne d'entre vous, en effet, n'ait à souffrir comme meurtrier, voleur, malfaiteur, ou comme agitateur. Mais si c'est comme chrétien, qu'il n'ait pas de honte, et qu'il rende gloire à Dieu pour ce nom-là.
– Parole du Seigneur.

Acclamation de l'Évangile

Alléluia. Alléluia. Je ne vous laisserai pas orphelins, dit le Seigneur ; je reviens vers vous, et votre cœur se réjouira. ***Alléluia.***

IU 56-65; M. : P. Robert; Bayard Liturgie.

Évangile de Jésus Christ selon saint Jean (17, 1b-11a)

« Père, glorifie ton Fils »

En ce temps-là, Jésus leva les yeux au ciel et dit : « Père, l'heure est venue. Glorifie ton Fils afin que le Fils te glorifie. Ainsi, comme tu lui as donné pouvoir sur tout être de chair, il donnera la vie éternelle à tous ceux que tu lui as donnés. Or, la vie éternelle, c'est qu'ils te connaissent, toi le seul vrai Dieu, et celui que tu as envoyé, Jésus Christ. Moi, je t'ai glorifié sur la terre en accomplissant l'œuvre que tu m'avais donnée à faire. Et maintenant, glorifie-moi auprès de toi, Père, de la gloire que j'avais auprès de toi avant que le monde existe. J'ai manifesté ton nom aux hommes que tu as pris dans le monde pour me les donner. Ils étaient à toi, tu me les as donnés, et ils ont gardé ta parole. Maintenant, ils ont reconnu que tout ce que tu m'as donné vient de toi, car je leur ai donné les paroles que tu m'avais données : ils les ont reçues, ils ont vraiment reconnu que je suis sorti de toi, et ils ont cru que tu m'as envoyé. Moi, je prie pour eux ; ce n'est pas pour le monde que je prie, mais pour ceux que tu m'as donnés, car ils sont à toi. Tout ce qui est à moi est à toi, et ce qui est à toi est à moi ; et je suis glorifié en eux. Désormais, je ne suis plus dans le monde ; eux, ils sont dans le monde, et moi, je viens vers toi. »

Homélie

Profession de foi *(p. 219)*

Suggestion de prière universelle

Le prêtre :

Avec la Vierge Marie et avec les Apôtres, assidus à la prière commune et dans l'attente de l'Esprit Saint, confions nos demandes à notre Père.

℟ ***Accueille au creux de tes mains la prière de tes enfants.***

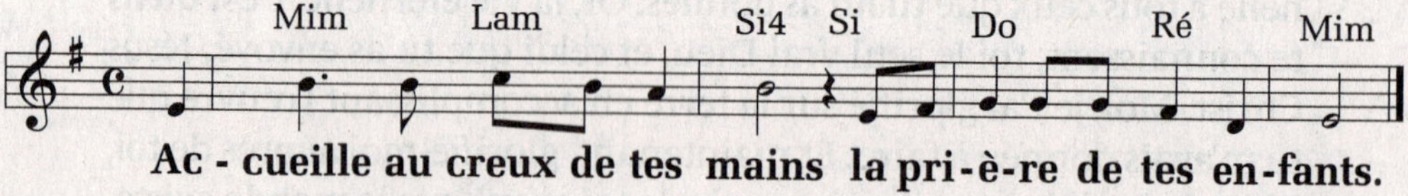

Y24-61 ; P. et M. G. Gafah ; Le Triforium.

Le diacre ou un lecteur :

Pour les personnes engagées dans des mouvements ecclésiaux

ou dans des petites communautés de quartier, avec l'Église universelle, Seigneur nous te prions. ℟

Pour les responsables du monde, pour les chefs des grandes nations, appelés à se soucier des personnes les plus pauvres, avec une grande confiance, Seigneur nous te prions. ℟

Pour nous tous ici rassemblés et pour ceux qui ont du mal à rejoindre nos communautés chrétiennes, dans la joie de la Bonne Nouvelle, Seigneur nous te prions. ℟

(Ces intentions seront adaptées ou modifiées selon les circonstances.)

Le prêtre :

Dieu notre Père, Seigneur très bon, daigne exaucer nos prières, que vienne sur nous ton Esprit, nous te le demandons par Jésus Christ notre Seigneur. **— *Amen.***

LITURGIE EUCHARISTIQUE

Prière sur les offrandes

Avec l'offrande de ce sacrifice, accueille, Seigneur, les prières de tes fidèles ; que cette liturgie célébrée avec ferveur nous fasse parvenir à la gloire du ciel. Par le Christ, notre Seigneur. **— *Amen.***

Prière eucharistique

(Préface du temps pascal, p. 222, ou préface de l'Ascension, p 224)

Chant de communion *(Suggestions p. 246)*

OU

Antienne de la communion

Père, dit Jésus,
je prie pour qu'ils soient un
comme nous sommes un,
alléluia.
(cf. Jn 17, 22)

Prière après la communion

Exauce-nous, Dieu notre Sauveur : par ces mystères très saints, confirme-nous dans cette assurance que s'accomplira pour le corps entier de l'Église ce qui s'est déjà réalisé pour celui qui en est la tête : le Christ. Lui qui… — ***Amen.***

RITE DE CONCLUSION

Bénédiction solennelle *(voir p. 50)*

Envoi

COMMENTAIRE DU DIMANCHE

Anne Da, xavière

Une relation éternelle

Après avoir célébré le don de la vie du Seigneur livré par amour, la liturgie nous a accompagnés quarante jours jusqu'à l'Ascension pour éprouver, expérimenter la manière dont le Christ ressuscité vient consoler son peuple. Il vient sur les chemins de nos vies donner paix et joie, force et espérance, à chacun et chacune selon une modalité propre.

Les textes nous invitent aujourd'hui à rejoindre la communauté des disciples, des femmes, de Marie, Mère de Jésus, qui se tient dans la chambre haute et attend dans la foi le don de l'Esprit promis par le Christ lorsqu'il est passé de ce monde au Père. Comme la communauté de la chambre haute, nous sommes dans un passage. Avec elle, nous pouvons faire mémoire des paroles adressées par le Fils au Père en lui remettant sa vie. •••

••• Cet entretien avec le Père ouvre nos oreilles et notre cœur à l'intelligence de la vie de Jésus, nous dévoile la profondeur de sa mission : « J'ai manifesté ton nom aux hommes que tu as pris dans le monde pour me les donner. Ils étaient à toi, tu me les as donnés, et ils ont gardé ta parole. » Ces paroles éclairent la vie, la mort, la résurrection du Christ venu en ce monde pour que tous ceux et toutes celles que le Père a donnés au Fils reçoivent la vie éternelle. Or la vie éternelle c'est la connaissance intérieure de la relation d'amour du Père et du Fils : « Tout ce qui est à moi est à toi, et ce qui est à toi est à moi. »

Au cœur des aspérités du quotidien, le Christ ressuscité me donne-t-il force, paix et joie ?

Dans un monde souvent violent, comment vivre de l'héritage de la relation d'amour du Père et du Fils ? ■

Prions en Église Junior

LIRE L'ÉVANGILE AVEC LES ENFANTS

CE QUE JE DÉCOUVRE

Pendant le dernier repas qu'il prend avec ses disciples, Jésus prie son Père qui est au ciel. Il prie pour Pierre, Jacques, Jean... pour tous les disciples. Il prie aussi déjà pour nous : Théo, Manon, Jules... **Jésus nous aime tellement, il veut que nous soyons heureux. C'est pour cela qu'il parle de nous à son Père.** Pour que nous vivions tous les jours dans l'amour de Dieu. Pour que nous gardions sa parole dans nos cœurs. Ainsi, nous serons heureux avec Dieu pour toujours !

CE QUE JE VIS

Qu'est-ce qui te rend heureux ?
Quels passages de la Bible te donnent de la joie ?
Et toi, comment rends-tu les autres heureux ?
Fais un beau dessin, puis offre-le à une personne qui est triste, malade...

Texte : Thibault Van Den Driessche. Illustrations : Marcelino Truong

21 - 27

MÉDITATION BIBLIQUE

7E DIMANCHE DE PÂQUES

Psaume 26 (27)

Une seule demande

Les paroles du psaume 26 (27) nous offrent d'entrer dans l'intimité et le cœur de la prière. Celle-ci, en effet, n'est-elle pas avant tout une mise en présence du Créateur ? Et c'est bien cela qui nous manque, que le Seigneur soit présent à nos côtés.

Le temps de la préparation

« Moi, je t'ai glorifié sur la terre en accomplissant l'œuvre que tu m'avais donnée à faire. » (Jn 17, 4)

Le temps de l'observation

La prière du psalmiste est celle d'un fidèle qui construit une relation spirituelle. On ne connaît pas sa situation personnelle, on ne sait pas si sa vie est paisible ou s'il rencontre des difficultés. Dans ce psaume, il ne demande pas que son existence change ou que, surtout, elle ne change pas. Pour lui, cela ne semble pas être la question. Il prie pour quelque chose d'autre. Il demande à Dieu de rester à proximité de lui. Il prie pour ne pas s'éloigner, pour ne pas le perdre de vue, pour que Dieu et lui habitent dans la même maison.

Sachant que Dieu est la « lumière » et le « salut », c'est la seule chose dans sa vie qu'il ne peut accepter de perdre. C'est ce qu'il demande dans sa prière. Si le Seigneur est à ses côtés et s'il ne doute pas de cela, il lui sera possible de vivre tout le reste, tout ce que la vie lui donnera de vivre. Alors il cherche Dieu et lui demande humblement de lui dévoiler sa face.

Le temps de la méditation

La posture du psalmiste est porteuse d'une forme de paix, de sérénité. Elle recentre sur l'essentiel, elle épure les désirs, elle donne un but à une vie. Quand Jésus enseigne sur la prière, il propose de l'ouvrir à toutes les demandes, à tout ce qui nous tient à cœur pour que rien ne soit exclu de la relation à Dieu. Les paroles adressées à Dieu par le psalmiste nous rappellent que la prière est d'abord une mise en présence. En ayant conscience que ce monde a un créateur, la perception de ce qui arrive change. Les craintes et les espoirs se déplacent et perdent le poids qu'ils ont dans nos vies. À partir de ce point d'appui, de cet ancrage, il est possible de vivre autrement l'existence qui est la nôtre et de passer les épreuves que nous rencontrons. Habiter la maison de Dieu, voir sa face au cœur des péripéties de notre vie est peut-être la chose formidable qui nous manque pour devenir capables de vivre abondamment.

Le temps de la prière

« Écoute, Seigneur, je t'appelle ! Pitié ! Réponds-moi ! Mon cœur m'a redit ta parole : "Cherchez ma face." » (Ps 26, 7-8) ■

Marie-Laure Durand,
biblise

L'ÉVÉNEMENT

JOURNÉE MONDIALE DES COMMUNICATIONS SOCIALES

Les médias chrétiens au service de la paix

Tous les ans, entre l'Ascension et la Pentecôte, la Journée mondiale des communications sociales vise à faire connaître les médias au service de l'évangélisation. La 57e édition se tient ce dimanche.

« Alors que les Journées Saint-François-de-Sales, qui se déroulent en janvier à Lourdes, sont organisées pour les professionnels des médias chrétiens, la Journée mondiale des communications sociales est pensée à destination du grand public. Ce jour-là, les lecteurs, auditeurs, internautes et téléspectateurs sont sollicités pour soutenir les moyens de communication au service de l'évangélisation », explique Jean-Marie Montel directeur général de Bayard (éditeur de *Prions en Église),* président de la Fédération des médias catholiques et consulteur du dicastère pour la communication à Rome. Le thème retenu pour l'édition 2023 est « Parler avec le cœur ». Il prolonge celui de 2022 qui était « Écouter avec l'oreille ». Il s'inscrit dans le processus

© Douce Divry

de réflexion vers le synode sur la synodalité dont la première session est prévue en octobre 2023. Le communiqué du Vatican précise : « Parler avec le cœur signifie “rendre compte de l’espérance qui est en nous” (cf. 1 P 3, 15) et le faire avec douceur, en utilisant le don de la communication comme un pont et non comme un mur. À une époque marquée par des polarisations et des débats relativement violents, cette Journée invite donc les médias à s’inscrire dans un langage de paix que saint Jean XXIII décrivait dans *Pacem in Terris.* » ■

Sébastien Antoni

DONNER À UN FONDS DE SOLIDARITÉ

Vous aussi, vous pouvez participer à l’annonce de l’Évangile en soutenant un média chrétien, en faisant un don. En rejoignant les 30 000 donateurs du fonds de solidarité *Prions en Église*, vous offrirez ainsi des abonnements à des aumôneries d’hôpitaux et de prisons, des communautés…

Infos : https://librairie-bayard.com/je-fais-un-don-pour-prions.html

LUNDI 22 MAI 2023

7E SEMAINE DE PÂQUES COULEUR LITURGIQUE : BLANC

Temps pascal, *messe de la férie*
ou **sainte Rita de Cascia**

Antienne d'ouverture
**Vous allez recevoir une force
quand le Saint-Esprit viendra sur vous ;
vous serez alors mes témoins
jusqu'aux extrémités de la terre, alléluia.** (Ac 1, 8)

Prière
Seigneur, nous t'en prions : que vienne sur nous la force de l'Esprit Saint, pour que nous puissions garder fidèlement ta volonté et la traduire en actes par une vie fervente. Par Jésus… ***— Amen.***

Lecture

du livre des Actes des Apôtres (19, 1-8)

« Lorsque vous êtes devenus croyants, avez-vous reçu l'Esprit Saint ? »

Pendant qu'Apollos était à Corinthe, Paul traversait le haut pays ; il arriva à Éphèse, où il trouva quelques disciples. Il leur demanda : « Lorsque vous êtes devenus croyants, avez-vous reçu l'Esprit Saint ? » Ils lui répondirent : « Nous n'avons même pas entendu dire qu'il y a un Esprit Saint. » Paul reprit : « Quel baptême avez-vous donc reçu ? » Ils répondirent : « Celui de Jean le Baptiste. » Paul dit alors : « Jean donnait un

baptême de conversion : il disait au peuple de croire en celui qui devait venir après lui, c'est-à-dire en Jésus. » Après l'avoir entendu, ils se firent baptiser au nom du Seigneur Jésus. Et quand Paul leur eut imposé les mains, l'Esprit Saint vint sur eux, et ils se mirent à parler en langues mystérieuses et à prophétiser. Ils étaient une douzaine d'hommes au total. Paul se rendit à la synagogue où, pendant trois mois, il prit la parole avec assurance ; il discutait et usait d'arguments persuasifs à propos du royaume de Dieu.
– Parole du Seigneur.

Psaume 67 (68)

℟ ***Royaumes de la terre, chantez pour le Seigneur.***
OU ***Alléluia !***

Dieu se lève et ses ennem**i**s se dispersent,
ses adversaires fu**i**ent devant sa face.
Comme on dissipe une fum**é**e, tu les dissipes ;
comme on voit fondre la cire en f**a**ce du feu,
les impies disparaissent devant
la f**a**ce de Dieu. ℟

Mais les justes sont en f**ê**te, ils exultent ;
devant la face de Dieu ils d**a**nsent de joie.

Chantez pour Dieu, jou**e**z pour son nom,
frayez la route à celui qui cheva**u**che les nuées.
Son nom est Le Seigneur ;
dans**e**z devant sa face. ℟

Père des orphelins, défense**u**r des veuves,
tel est Dieu dans sa s**a**inte demeure.
À l'isolé, Dieu acc**o**rde une maison ;
aux captifs, il r**e**nd la liberté. ℟

21 - 27

Acclamation de l'Évangile

Alléluia. Alléluia. Si vous êtes ressuscités avec le Christ, recherchez les réalités d'en haut : c'est là qu'est le Christ, assis à la droite de Dieu. ***Alléluia.***

Évangile de Jésus Christ

selon saint Jean (16, 29-33)

« Courage ! Moi, je suis vainqueur du monde »

En ce temps-là, les disciples de Jésus lui dirent : « Voici que tu parles ouvertement et non plus en images. Maintenant nous savons que tu sais toutes choses, et tu n'as pas besoin qu'on t'interroge : voilà pourquoi nous croyons que tu es sorti de Dieu. » Jésus leur répondit : « Maintenant vous croyez ! Voici que l'heure vient – déjà elle est venue – où vous serez dispersés chacun de son côté, et vous me laisserez seul ; mais je ne suis pas seul, puisque le Père est avec moi. Je vous ai parlé ainsi, afin qu'en moi vous ayez la paix. Dans le monde, vous avez à souffrir, mais courage ! Moi, je suis vainqueur du monde. »

Prière sur les offrandes

Que le sacrifice parfait de Jésus Christ nous purifie, Seigneur : qu'il donne à nos esprits l'énergie de la grâce qui vient d'en haut. Par le Christ, notre Seigneur.

— Amen.

Préface du temps pascal, p. 222, ou de l'Ascension, p. 224.

Antienne de la communion

Je ne vous laisserai pas orphelins, dit le Seigneur, je reviens vers vous, et votre joie, personne ne vous l'enlèvera, alléluia.

(Jn 14, 18 ; 16, 22)

Prière après la communion

Dans ta bienveillance, reste auprès de ton peuple, nous t'en prions, Seigneur ; puisque tu l'as initié aux sacrements du ciel, fais-le passer de ce qui est ancien à la vie nouvelle. Par le Christ, notre Seigneur. — ***Amen.***

INVITATION

Quatrième semaine du mois de Marie. Je peux prier pour toutes les femmes qui attendent un enfant, et confier celles pour qui cela n'est pas possible.

COMMENTAIRE

Foyers ouverts

Actes 19, 1-8

L'Église se prépare par une grande neuvaine de prière à célébrer la Pentecôte. La lecture des Actes des Apôtres nous rappelle que nombreux sont ceux qui ignorent l'existence de l'Esprit. Le souffle de Dieu anime leurs âmes mais ils ont oublié la présence et jusqu'au nom de l'hôte intime. À la suite de saint Paul, devenons témoins de Dieu, Père, Fils, vive flamme, en nous laissant consumer par son amour, foyers ouverts à tous. ■

***Bénédicte de la Croix,** cistercienne*

MARDI 23 MAI 2023

7E SEMAINE DE PÂQUES COULEUR LITURGIQUE : BLANC

Temps pascal, *messe de la férie*

Antienne d'ouverture

Je suis le Premier et le Dernier, je suis le Vivant, dit le Seigneur, j'étais mort, et me voilà vivant pour les siècles, alléluia. (Ap 1, 17-18)

Prière

Dieu de puissance et de miséricorde, nous t'en supplions : que l'Esprit Saint, en sa bonté, vienne habiter en nous et fasse de nous le temple de sa gloire. Par Jésus… ***— Amen.***

Lecture

du livre des Actes des Apôtres (20, 17-27)

« J'achève ma course et le ministère que j'ai reçu du Seigneur Jésus »

En ces jours-là, depuis Milet, Paul envoya un message à Éphèse pour convoquer les Anciens de cette Église. Quand ils furent arrivés auprès de lui, il leur adressa la parole : « Vous savez comment je me suis toujours comporté avec vous, depuis le premier jour où j'ai mis le pied en Asie : j'ai servi le Seigneur en toute humilité, dans les larmes et les épreuves que m'ont values les complots des Juifs ; je n'ai rien négligé de ce qui était utile, pour vous annoncer l'Évangile et vous donner un enseignement en public ou de maison en maison. Je rendais témoignage devant Juifs et

Grecs pour qu'ils se convertissent à Dieu et croient en notre Seigneur Jésus. Et maintenant, voici que je suis contraint par l'Esprit de me rendre à Jérusalem, sans savoir ce qui va m'arriver là-bas. Je sais seulement que l'Esprit Saint témoigne, de ville en ville, que les chaînes et les épreuves m'attendent. Mais en aucun cas, je n'accorde du prix à ma vie, pourvu que j'achève ma course et le ministère que j'ai reçu du Seigneur Jésus : rendre témoignage à l'évangile de la grâce de Dieu. Et maintenant, je sais que vous ne reverrez plus mon visage, vous tous chez qui je suis passé en proclamant le Royaume. C'est pourquoi j'atteste aujourd'hui devant vous que je suis pur du sang de tous, car je n'ai rien négligé pour vous annoncer tout le dessein de Dieu. »
– Parole du Seigneur.

Psaume 67 (68)

℟ ***Royaumes de la terre, chantez pour le Seigneur.***
OU ***Alléluia !***

Tu répandais sur ton héritage
une pluie généreuse,
et quand il défaillait,
toi, tu le soutenais.
Sur les lieux où campait ton troupeau,
tu le soutenais,
Dieu qui es bon pour le pauvre. ℟

Que le Seigneur soit béni !
Jour après jour, ce Dieu
nous accorde la victoire.
Le Dieu qui est le nôtre est
le Dieu des victoires,
et les portes de la mort sont
à Dieu, le Seigneur. ℟

Acclamation de l'Évangile

Alléluia. Alléluia. Moi, je prierai le Père, et il vous donnera un autre Défenseur qui sera pour toujours avec vous. ***Alléluia.***

Évangile de Jésus Christ

selon saint Jean (17, 1-11a)

« Père, glorifie ton Fils »

En ce temps-là, Jésus leva les yeux au ciel et dit : « Père, l'heure est venue. Glorifie ton Fils afin que le Fils te glorifie. Ainsi, comme tu lui as donné pouvoir sur tout être de chair, il donnera la vie éternelle à tous ceux que tu lui as donnés. Or, la vie éternelle, c'est qu'ils te connaissent, toi le seul vrai Dieu, et celui que tu as envoyé, Jésus Christ.

« Moi, je t'ai glorifié sur la terre en accomplissant l'œuvre que tu m'avais donnée à faire. Et maintenant, glorifie-moi auprès de toi, Père, de la gloire que j'avais auprès de toi* avant que le monde existe. J'ai manifesté ton nom aux hommes que tu as pris dans le monde pour me les donner. Ils étaient à toi, tu me les as donnés, et ils ont gardé ta parole. Maintenant, ils ont reconnu que tout ce que tu m'as donné vient de toi, car je leur ai donné les paroles que tu m'avais données : ils les ont reçues, ils ont vraiment reconnu que je suis sorti de toi, et ils ont cru que tu m'as envoyé. Moi, je prie pour eux ; ce n'est pas pour le monde que je prie, mais pour ceux que tu m'as donnés, car ils sont à toi. Tout ce qui est à moi est à toi, et ce qui est à toi est à moi ; et je suis glorifié en eux. Désormais, je ne suis plus dans le monde ; eux, ils sont dans le monde, et moi, je viens vers toi. »

Prière sur les offrandes

Avec l'offrande de ce sacrifice, accueille, Seigneur, les prières de tes fidèles ; que cette liturgie célébrée avec ferveur nous fasse parvenir à la gloire du ciel. Par le Christ, notre Seigneur. – ***Amen.***

Préface du temps pascal, p. 222, ou de l'Ascension, p. 224.

Antienne de la communion

L'Esprit Saint que le Père enverra
en mon nom, dit le Seigneur,
c'est lui qui vous enseignera tout,
il vous fera souvenir
de tout ce que je vous ai dit,
alléluia. (Jn 14, 26)

Prière après la communion

Seigneur, nous avons reçu les dons qui nous ont fait participer aux saints mystères, et nous te prions humblement : ton Fils nous a demandé de les célébrer en mémoire de lui, qu'ils augmentent en nous la charité. Par le Christ, notre Seigneur. – ***Amen.***

INVITATION

Paul avait pour ministère de rendre témoignage à l'Évangile.
Et moi, ai-je conscience du ministère que le Seigneur m'a confié ?

COMMENTAIRE

Une foi affirmée

Jean 17, 1-11a

Dans cette ultime supplication, Jésus promet la vie éternelle à ceux qui lui appartiennent : « La vie éternelle, c'est qu'ils te connaissent, toi le seul vrai Dieu, et celui que tu as envoyé, Jésus Christ. » Lorsque la souffrance, la mort nous frappent de plein fouet, revenons à cette affirmation centrale de notre foi : la relation à Dieu et à ses bien-aimés est de toujours à toujours. Depuis la Résurrection, la vie est communion déjà commencée. ■

***Bénédicte de la Croix,** cistercienne*

❊ CLÉ DE LECTURE

« La gloire que j'avais auprès de toi »

Jean 17, 5 *(p. 160)*

En écho au prologue, la grande prière de Jésus qui s'ouvre ici déploie l'immense dessein de Dieu qui s'accomplit en lui, « celui qu'il a envoyé ». Dans l'éternité de Dieu, Jésus le Fils partage la gloire du Père, et d'emblée il assume en lui ce projet d'une humanité qu'il rassemblera pour la ramener à Dieu, la faire participer à sa vie jaillissante. Le monde, plongé dans le temps de l'histoire, est le lieu où se déroule la lutte que Jésus est venu mener pour nous. En chaque être humain, se joue le combat entre les forces du Mauvais parfois identifié au monde (comme forces de retour au chaos originel), et l'aspiration à connaître la gloire de Dieu, à participer à son amour, que Jésus dans sa propre vie n'a cessé de manifester et d'offrir à chacun. ■

***Roselyne Dupont-Roc,** bibliste*

MERCREDI 24 MAI 2023

7E SEMAINE DE PÂQUES COULEUR LITURGIQUE : BLANC

Temps pascal, *messe de la férie*

Antienne d'ouverture

Tous les peuples, battez des mains,
acclamez Dieu par vos cris de joie, alléluia. (Ps 46, 2)

Prière

Dieu de miséricorde, dans ta bonté, donne à ton Église rassemblée par l'Esprit Saint de s'attacher à toi de tout cœur, et de vouloir vraiment être unie. Par Jésus… ***— Amen.***

Lecture

du livre des Actes des Apôtres (20, 28-38)

« Je vous confie à Dieu, lui qui a le pouvoir de construire l'édifice et de donner à chacun l'héritage »

En ces jours-là, Paul faisait ses adieux aux Anciens de l'Église d'Éphèse. Il leur disait : « Veillez sur vous-mêmes, et sur tout le troupeau dont l'Esprit Saint vous a établis responsables, pour être les pasteurs de l'Église de Dieu, qu'il s'est acquise par son propre sang. Moi, je sais qu'après mon départ, des loups redoutables s'introduiront chez vous et n'épargneront pas le troupeau. Même du milieu de vous surgiront des hommes qui tiendront des discours pervers pour entraîner les disciples à leur

suite. Soyez donc vigilants, et souvenez-vous que, durant trois ans, nuit et jour, je n'ai cessé, dans les larmes, de reprendre chacun d'entre vous. Et maintenant, je vous confie à Dieu et à la parole de sa grâce, lui qui a le pouvoir de construire l'édifice et de donner à chacun l'héritage en compagnie de tous ceux qui ont été sanctifiés. Je n'ai convoité ni l'argent ni l'or ni le vêtement de personne. Vous le savez bien vous-mêmes : les mains que voici ont pourvu à mes besoins et à ceux de mes compagnons. En toutes choses, je vous ai montré qu'en se donnant ainsi de la peine, il faut secourir les faibles et se souvenir des paroles du Seigneur Jésus, car lui-même a dit : *Il y a plus de bonheur à donner qu'à recevoir.* » Quand Paul eut ainsi parlé, il s'agenouilla et pria avec eux tous. Tous se mirent à pleurer abondamment ; ils se jetaient au cou de Paul et l'embrassaient ; ce qui les affligeait le plus, c'est la parole qu'il avait dite : « Vous ne verrez plus mon visage. » Puis on l'accompagna jusqu'au bateau.

– Parole du Seigneur.

Psaume 67 (68)

℟ ***Royaumes de la terre, chantez pour le Seigneur.***

OU

Alléluia !

Ton Dieu l'a commandé : « Sois fort ! »
Montre ta force, Dieu, quand tu agis pour nous !
De ton palais, qui domine Jérusalem,
on voit des rois t'apporter leurs présents. ℟

Royaumes de la terre, chantez pour Dieu,
jouez pour le Seigneur.
Voici qu'il élève la voix, une voix puissante ;
rendez la puissance à Dieu. ℟

Redoutable est Dieu dans son temple saint,
le Dieu d'Israël ;
c'est lui qui donne à son peuple force et puissance.
Béni soit Dieu ! ℟

Acclamation de l'Évangile

Alléluia. Alléluia. Ta parole, Seigneur, est vérité ; dans cette vérité, sanctifie-nous. ***Alléluia.***

Évangile de Jésus Christ

selon saint Jean (17, 11b-19)

« Qu'ils soient un comme nous-mêmes »

En ce temps-là, les yeux levés au ciel, Jésus priait ainsi : « Père saint, garde mes disciples unis dans ton nom, le nom que tu m'as donné, pour qu'ils soient un, comme nous-mêmes. Quand j'étais avec eux, je les gardais unis dans ton nom, le nom que tu m'as donné. J'ai veillé sur eux, et aucun ne s'est perdu, sauf celui qui s'en va à sa perte de sorte que l'Écriture soit accomplie. Et maintenant que je viens à toi, je parle ainsi, dans le monde, pour qu'ils aient en eux ma joie, et qu'ils en soient comblés. Moi, je leur ai donné ta parole, et le monde les a pris en haine parce qu'ils n'appartiennent pas au monde, de même que moi je n'appartiens pas au monde. Je ne prie pas pour que tu les retires du monde, mais pour que tu les gardes du Mauvais. Ils n'appartiennent pas au monde, de même que moi, je n'appartiens pas au monde.
« Sanctifie-les dans la vérité : ta parole

est vérité. De même que tu m'as envoyé dans le monde*, moi aussi, je les ai envoyés dans le monde. Et pour eux je me sanctifie moi-même, afin qu'ils soient, eux aussi, sanctifiés dans la vérité. »

Prière sur les offrandes

Accueille, Seigneur, nous t'en prions, le sacrifice que tu as toi-même institué : dans les saints mystères que nous célébrons pour te servir comme il convient, sanctifie-nous pleinement par ton œuvre de rédemption. Par le Christ, notre Seigneur. ***— Amen.***

Préface du temps pascal, p. 222, ou de l'Ascension, p. 224.

Antienne de la communion

Quand viendra le Défenseur
que je vous enverrai, dit le Seigneur,
lui, l'Esprit de vérité qui procède
du Père, il rendra témoignage
en ma faveur ; et vous aussi,
vous allez rendre témoignage,
alléluia. (Jn 15, 26-27)

Prière après la communion

Seigneur, que notre participation à ton sacrement divin, augmente sans cesse en nous ta grâce : que sa force nous purifie et nous dispose à recevoir toujours mieux un si grand bienfait. Par le Christ, notre Seigneur.
— Amen.

INVITATION

En faisant mémoire de mon baptême, je peux prier pour toutes les personnes qui ont été baptisées à Pâques.

COMMENTAIRE

Le rêve d'un Père

Jean 17, 11b-19

« Quand j'étais avec eux, je les gardais unis dans ton nom, le nom que tu m'as donné », dit Jésus en s'adressant à son Père. Rappelons-nous : durant sa vie publique, le Fils de l'homme osa s'approcher du Très-Haut en l'appelant « Abba », « Papa ». Un nom de tendre proximité, le mot de passe de l'unité. À chacun d'exaucer le rêve de Dieu pour ses enfants en donnant un visage et une voix à cette fraternité tant désirée. ■

***Bénédicte de la Croix**, cistercienne*

❊ CLÉ DE LECTURE

« Dans le monde »

Jean 17, 18 *(p. 166)*

Dans l'évangile de Jean, le terme « monde » semble largement ambivalent. Il faut au moins distinguer deux moments : celui, d'abord, où la communauté affirme joyeusement le salut du monde : « Dieu a tant aimé le monde » (Jn 3, 16). Puis, lorsque les relations avec l'entourage gréco-romain se tendent, le terme prend un sens plus négatif, il devient le lieu du refus de Dieu, où se déploient les forces du mal. Pour autant, jamais Jésus n'est censé abandonner ou condamner ce monde. C'est bien là que Dieu l'a envoyé et qu'il envoie les disciples, mais chacun désormais doit choisir son appartenance et la ligne de partage passe au milieu des cœurs. Les disciples sont invités à aimer ce monde, seule façon de l'arracher à la haine qui peut toujours l'envahir ! ■

***Roselyne Dupont-Roc**, bibliste*

JEUDI 25 MAI 2023

7ᴱ SEMAINE DE PÂQUES COULEUR LITURGIQUE : BLANC

Temps pascal, *messe de la férie*
ou **saint Bède le Vénérable** *ou* **saint Grégoire VII**
ou **sainte Marie-Madeleine de Pazzi**

Antienne d'ouverture

**Avançons-nous avec assurance vers le Trône
de la grâce, pour obtenir miséricorde et recevoir,
en temps voulu, la grâce de son secours, alléluia.**
(He 4, 16)

Prière

Nous t'en prions, Seigneur, que ton Esprit, dans sa puissance, répande en nous les dons spirituels ; qu'il change notre cœur en un cœur qui te plaise, parfaitement accordé à ta volonté. Par Jésus… ***— Amen.***

Lecture

du livre des Actes des Apôtres (22, 30 ; 23, 6-11)

« Il faut que tu me rendes aussi témoignage à Rome »

En ces jours-là, Paul avait été arrêté à Jérusalem. Le lendemain, le commandant voulut savoir avec certitude de quoi les Juifs l'accusaient. Il lui fit enlever ses liens ; puis il convoqua les grands prêtres et tout le Conseil suprême, et il fit descendre Paul pour l'amener devant eux. Sachant que le Conseil suprême se répartissait entre sadducéens et pharisiens, Paul s'écria devant eux : « Frères, moi, je suis pharisien, fils

de pharisiens. C'est à cause de notre espérance, la résurrection des morts, que je passe en jugement. » À peine avait-il dit cela, qu'il y eut un affrontement entre pharisiens et sadducéens*, et l'assemblée se divisa. En effet, les sadducéens disent qu'il n'y a pas de résurrection, pas plus que d'ange ni d'esprit, tandis que les pharisiens professent tout cela. Il se fit alors un grand vacarme. Quelques scribes du côté des pharisiens se levèrent et protestèrent vigoureusement : « Nous ne trouvons rien de mal chez cet homme. Et si c'était un esprit qui lui avait parlé, ou un ange ? » L'affrontement devint très violent, et le commandant craignit que Paul ne se fasse écharper. Il ordonna à la troupe de descendre pour l'arracher à la mêlée et le ramener dans la forteresse. La nuit suivante, le Seigneur vint auprès de Paul et lui dit : « Courage ! Le témoignage que tu m'as rendu à Jérusalem, il faut que tu le rendes aussi à Rome. »
– Parole du Seigneur.

Psaume 15 (16)

℟ ***Garde-moi, mon Dieu : j'ai fait de toi mon refuge.***

OU

Alléluia !

Garde-moi, mon Dieu :
j'ai fait de toi mon refuge.
J'ai dit au Seigneur : « Tu es mon Dieu !
Seigneur, mon partage et ma coupe :
de toi dépend mon sort. » ℟

Je bénis le Seigneur qui me conseille :
même la nuit mon cœur m'avertit.
Je garde le Seigneur devant moi
sans relâche ;
il est à ma droite : je suis inébranlable. ℟

Mon cœur exulte, mon âme est en fête,
ma chair elle-même repose en confiance :
tu ne peux m'abandonner à la mort
ni laisser ton ami voir la corruption. ℟

Tu m'apprends le chemin de la vie :
devant ta face, débordement de joie !
À ta droite, éternité de délices ! ℟

Acclamation de l'Évangile

Alléluia. Alléluia. Que tous soient un, comme toi, Père, tu es en moi, et moi en toi, pour que le monde croie que tu m'as envoyé. ***Alléluia.***

Évangile de Jésus Christ

selon saint Jean (17, 20-26)

« Qu'ils deviennent parfaitement UN »

En ce temps-là, les yeux levés au ciel, Jésus priait ainsi : « Père saint, je ne prie pas seulement pour ceux qui sont là, mais encore pour ceux qui, grâce à leur parole, croiront en moi. Que tous soient un, comme toi, Père, tu es en moi, et moi en toi. Qu'ils soient un en nous, eux aussi, pour que le monde croie que tu m'as envoyé. Et moi, je leur ai donné la gloire que tu m'as donnée, pour qu'ils soient un comme nous sommes UN : moi en eux, et toi en moi. Qu'ils deviennent ainsi parfaitement un, afin que le monde sache que tu m'as envoyé, et que tu les as aimés comme tu m'as aimé.

« Père, ceux que tu m'as donnés, je veux que là où je suis, ils soient eux aussi avec moi, et qu'ils contemplent ma gloire, celle que tu m'as donnée parce que tu m'as aimé avant la fondation du monde. Père juste, le monde ne t'a pas connu, mais moi je t'ai connu, et ceux-ci ont reconnu que tu m'as envoyé. Je leur ai fait connaître ton nom, et je le ferai connaître, pour que l'amour dont tu m'as aimé soit en eux, et que moi aussi, je sois en eux. »

Prière sur les offrandes

Dans ta bonté, sanctifie ces dons, nous t'en prions, Seigneur ; accepte le sacrifice spirituel que nous t'offrons, et fais de nous-mêmes une éternelle offrande pour toi. Par le Christ, notre Seigneur. — ***Amen.***

Préface du temps pascal, p. 222, ou de l'Ascension, p. 224.

Antienne de la communion

Jésus déclarait à ses disciples :
« Je vous dis la vérité : il vaut mieux
pour vous que je m'en aille,
car, si je ne m'en vais pas,
le Défenseur ne viendra pas
à vous », alléluia.
(Jn 16, 7)

Prière après la communion

Donne-nous de trouver, Seigneur, dans la communion à ces mystères, un enseignement qui nous affermit et une nourriture qui refait nos forces, afin d'être en mesure de recevoir les dons de l'Esprit Saint. Par le Christ, notre Seigneur. — ***Amen.***

INVITATION

« Que tous soient un » : je peux prier pour l'unité des chrétiens.

COMMENTAIRE

Rassemblement

Jean 17, 20-26

« Que tous soient un, comme toi, Père, tu es en moi, et moi en toi. » Cette prière de Jésus devrait nous transpercer de souffrance et de joie. Souffrance des divisions qui déchirent le monde, nos Églises mais aussi nos familles et nos cœurs. Joie de croire que Jésus a donné sa vie pour « rassembler dans l'unité les enfants de Dieu dispersés » (Jn 11, 52). « Tout est accompli » (Jn 19, 30), murmure-t-il du haut de la Croix. Le croyons-nous vraiment ? ■

***Bénédicte de la Croix,** cistercienne*

✤ CLÉ DE LECTURE

« Un affrontement entre pharisiens et sadducéens »

Actes 23, 7 *(p. 169)*

Au moment où Luc rédige les Actes des Apôtres, le fossé se dessine entre les jeunes communautés chrétiennes et les groupes juifs refondés autour des rabbis et de la Torah. Le livre des Actes s'en trouve marqué jusqu'au bout. Luc maintient avec Paul la foi commune qui unit les Juifs venus du pharisaïsme et les disciples du Christ : ils partagent une espérance forte, celle de la résurrection des morts. Si, pour les uns, elle reste une attente reportée à la fin des temps, pour les autres, les chrétiens, la fin a déjà commencé, et la résurrection est à l'œuvre aujourd'hui dans le Christ envoyé par Dieu, attendu par les Juifs. Quelle aberration tragique a séparé jusqu'à la violence indicible ces croyants qui confessaient le même Dieu et la même attente ? ■

***Roselyne Dupont-Roc,** bibliste*

VENDREDI 26 MAI 2023

7^E^ SEMAINE DE PÂQUES COULEUR LITURGIQUE : BLANC

Saint Philippe Néri

1515-1595. Le saint de la joie et de la prière, « second apôtre de Rome », fonda l'Oratoire, société de prêtres séculiers voués au service paroissial et à la prédication.

Antienne d'ouverture

L'amour de Dieu a été répandu dans nos cœurs par l'Esprit Saint qui nous a été donné, alléluia.

(Rm 5, 5)

Prière

Seigneur Dieu, tu ne cesses d'élever à la gloire de la sainteté ceux qui te servent fidèlement ; accorde-nous d'être embrasés du feu de l'Esprit Saint qui habitait admirablement le cœur de saint Philippe Néri. Par Jésus… ***— Amen.***

Lecture

du livre des Actes des Apôtres (25, 13-21)

« Un certain Jésus qui est mort, mais que Paul affirme être en vie »

En ces jours-là, le roi Agrippa et Bérénice vinrent à Césarée saluer le gouverneur Festus. Comme ils passaient là plusieurs jours, Festus exposa au roi la situation de Paul en disant : « Il y a ici un homme que mon prédécesseur Félix a laissé en prison. Quand je me suis trouvé à Jérusalem, les grands prêtres et les anciens des Juifs ont exposé leurs griefs contre lui en réclamant sa condamnation. J'ai répondu que les Romains n'ont pas coutume de faire la faveur de livrer qui que ce soit lorsqu'il est accusé,

21 - 27

avant qu'il soit confronté avec ses accusateurs et puisse se défendre du chef d'accusation. Ils se sont donc retrouvés ici, et sans aucun délai, le lendemain même, j'ai siégé au tribunal et j'ai donné l'ordre d'amener cet homme. Quand ils se levèrent, les accusateurs n'ont mis à sa charge aucun des méfaits que, pour ma part, j'aurais supposés. Ils avaient seulement avec lui certains débats au sujet de leur propre religion, et au sujet d'un certain Jésus qui est mort, mais que Paul affirmait être en vie. Quant à moi, embarrassé devant la suite à donner à l'instruction, j'ai demandé à Paul s'il voulait aller à Jérusalem pour y être jugé sur cette affaire. Mais Paul a fait appel pour être gardé en prison jusqu'à la décision impériale. J'ai donc ordonné de le garder en prison jusqu'au renvoi de sa cause devant l'empereur. »

– Parole du Seigneur.

Psaume 102 (103)

℟ ***Le Seigneur a son trône dans les cieux.***
OU ***Alléluia !***

Bénis le Seigneur, ô mon âme,
bénis son nom très saint, tout mon être !
Bénis le Seigneur, ô mon âme,
n'oublie aucun de ses bienfaits ! ℟

Comme le ciel domine la terre,
fort est son amour pour qui le craint ;
aussi loin qu'est l'orient de l'occident,
il met loin de nous nos péchés. ℟

Le Seigneur a son trône dans les cieux :
sa royauté s'étend sur l'univers.
Messagers du Seigneur, bénissez-le,
invincibles porteurs de ses ordres ! ℟

Acclamation de l'Évangile

Alléluia. Alléluia. L'Esprit Saint vous enseignera tout, et il vous fera souvenir de tout ce que je vous ai dit. ***Alléluia.***

Évangile de Jésus Christ

selon saint Jean (21, 15-19)

« Sois le berger de mes agneaux. Sois le pasteur de mes brebis »

Jésus se manifesta encore aux disciples sur le bord de la mer de Tibériade. Quand ils eurent mangé, Jésus dit à Simon-Pierre : « Simon, fils de Jean, m'aimes-tu vraiment, plus que ceux-ci ? » Il lui répond : « Oui, Seigneur ! Toi, tu le sais : je t'aime. » Jésus lui dit : « Sois le berger de mes agneaux. » Il lui dit une deuxième fois : « Simon, fils de Jean, m'aimes-tu vraiment ? » Il lui répond : « Oui, Seigneur ! Toi, tu le sais : je t'aime. » Jésus lui dit : « Sois le pasteur de mes brebis. » Il lui dit, pour la troisième fois : « Simon, fils de Jean, m'aimes-tu ? » Pierre fut peiné parce que, la troisième fois, Jésus lui demandait : « M'aimes-tu ? » Il lui répond : « Seigneur, toi, tu sais tout : tu sais bien que je t'aime. » Jésus lui dit : « Sois le berger de mes brebis. Amen, amen, je te le dis : quand tu étais jeune, tu mettais ta ceinture toi-même pour aller là où tu voulais ; quand tu seras vieux, tu étendras les mains, et c'est un autre qui te mettra ta ceinture, pour t'emmener là où tu ne voudrais pas aller. » Jésus disait cela pour signifier par quel genre de mort Pierre rendrait gloire à Dieu. Sur ces mots, il lui dit : « Suis-moi*. »

Prière sur les offrandes

En t'offrant, Seigneur, le sacrifice de louange, nous te prions : puissions-nous toujours, à l'exemple de saint Philippe, travailler joyeusement à la gloire de ton nom et au service du prochain. Par le Christ, notre Seigneur. **— *Amen.***

Préface du temps pascal, p. 222, ou de l'Ascension, p. 224.

Antienne de la communion

Comme le Père m'a aimé,
moi aussi je vous ai aimés,
dit le Seigneur. Demeurez
dans mon amour, alléluia.
(Jn 15, 9)

Prière après la communion

Tu nous as fait goûter, Seigneur, aux joies du ciel, et nous te prions : donne-nous, à l'exemple de saint Philippe, de toujours désirer ce qui nous fait vivre en vérité. Par le Christ, notre Seigneur.
— *Amen.*

INVITATION

Nous fêtons aujourd'hui Philippe Néri le « saint de la joie ». Je rends grâce pour toutes les personnes qui présentent un visage rayonnant de leur foi.

COMMENTAIRE

L'amour infini de Dieu Psaume 102 (103) ; Jean 21, 15-19

« Comme le ciel domine la terre, fort est son amour pour qui le craint ; aussi loin qu'est l'orient de l'occident, il met loin de nous nos péchés. » Ces versets du psaume nimbent d'une douce lumière la manifestation de Jésus au bord du lac de Tibériade. Par trois fois, Simon-Pierre a trahi son maître. Aucun reproche sur les lèvres de celui-ci. Y fleurit l'unique question qui taraude Dieu, quelle que soit la pesanteur de nos fautes : « M'aimes-tu vraiment ? » ■

Bénédicte de la Croix, *cistercienne*

✣ CLÉ DE LECTURE

« Suis-moi » Jean 21, 19 *(p. 175)*

La fin de l'évangile de Jean met en scène le pardon de Jésus ressuscité à Pierre. Au triple reniement de Pierre (Jn 18, 17-27), Jésus répond par la triple question : « Pierre, m'aimes-tu ? » Mais le verbe grec employé varie au cours de l'échange. Jésus, d'abord, utilise deux fois le verbe « agapô » : l'amour d'agapè est le don de soi sans rien retenir dont Dieu nous aime et que Jésus a vécu. Mais Pierre ne peut répondre que par le meilleur de l'amour humain, « philô », l'amour d'amitié. Jésus, alors, se met au diapason de Pierre : à celui qu'il choisit pour conduire son peuple, il ne peut demander plus. Qu'il aime de toutes ses forces et de sa faiblesse humaines, cela suffit pour « suivre » Jésus. Dieu saura le conduire vers un amour qu'il n'imagine même pas. ■

Roselyne Dupont-Roc, *bibliste*

21 - 27

SAMEDI 27 MAI 2023

7^E SEMAINE DE PÂQUES COULEUR LITURGIQUE : BLANC

Temps pascal, *messe de la férie*
ou **saint Augustin de Cantorbéry**

Antienne d'ouverture

Les disciples, d'un même cœur,
étaient assidus à la prière,
avec des femmes, avec Marie
la mère de Jésus, et avec ses frères,
alléluia. (Ac 1, 14)

Prière

Dieu tout-puissant, nous te prions au terme de ces fêtes pascales : que, par ta grâce, elles imprègnent nos actes et notre vie. Par Jésus… — ***Amen.***

Lecture

du livre des Actes des Apôtres (28, 16-20. 30-31)

« Paul demeura à Rome ; il annonçait le règne de Dieu »

À notre arrivée à Rome, Paul a reçu l'autorisation d'habiter en ville avec le soldat qui le gardait. Trois jours après, il fit appeler les notables des Juifs. Quand ils arrivèrent, il leur dit : « Frères, moi qui n'ai rien fait contre notre peuple et les coutumes reçues de nos pères, je suis prisonnier depuis Jérusalem où j'ai été livré aux mains des Romains. Après m'avoir interrogé, ceux-ci voulaient me relâcher, puisque, dans mon cas, il n'y

avait aucun motif de condamnation à mort. Mais, devant l'opposition des Juifs, j'ai été obligé de faire appel à l'empereur, sans vouloir pour autant accuser ma nation. C'est donc pour ce motif que j'ai demandé à vous voir et à vous parler, car c'est à cause de l'espérance d'Israël que je porte ces chaînes. » Paul demeura deux années entières dans le logement qu'il avait loué ; il accueillait tous ceux qui venaient chez lui ; il annonçait le règne de Dieu et il enseignait ce qui concerne le Seigneur Jésus Christ avec une entière assurance et sans obstacle. – Parole du Seigneur.

Psaume 10 (11)

℟ ***Les hommes droits te verront face à face, Seigneur.***

OU

Alléluia !

Le Seigneur, dans son temple saint,
le Seigneur, dans les cieux où il trône,
garde les yeux ouverts sur le monde.
Il voit, il scrute les hommes. ℟

Le Seigneur a scruté le juste et le méchant :
l'ami de la violence, il le hait.
Vraiment, le Seigneur est juste ;
il aime toute justice :
les hommes droits le verront face à face. ℟

Acclamation de l'Évangile

Alléluia. Alléluia. Je vous enverrai l'Esprit de vérité, dit le Seigneur ; il vous conduira dans la vérité tout entière. ***Alléluia.***

Évangile de Jésus Christ

selon saint Jean (21, 20-25)

« C'est ce disciple qui a écrit ces choses ; son témoignage est vrai »

En ce temps-là, Jésus venait de dire à Pierre : « Suis-moi. » S'étant retourné, Pierre aperçoit, marchant à leur suite, le disciple que Jésus aimait. C'est lui qui, pendant le repas, s'était penché sur la poitrine de Jésus pour lui dire : « Seigneur, quel est celui qui va te livrer ? » Pierre, voyant donc ce disciple, dit à Jésus : « Et lui, Seigneur, que lui arrivera-t-il ? » Jésus lui répond : « Si je veux qu'il demeure jusqu'à ce que je vienne, que t'importe ? Toi, suis-moi. » Le bruit courut donc parmi les frères que ce disciple ne mourrait pas. Or, Jésus n'avait pas dit à Pierre qu'il ne mourrait pas, mais : « Si je veux qu'il demeure jusqu'à ce que je vienne, que t'importe ? »

C'est ce disciple qui témoigne de ces choses et qui les a écrites, et nous savons que son témoignage est vrai. Il y a encore beaucoup d'autres choses que Jésus a faites ; et s'il fallait écrire chacune d'elles, je pense que le monde entier ne suffirait pas pour contenir les livres que l'on écrirait.

Prière sur les offrandes

Que l'Esprit Saint, par sa venue, nous t'en prions, Seigneur, prépare nos esprits à recevoir tes sacrements, car il est lui-même le pardon de tout péché. Par le Christ, notre Seigneur. — ***Amen.***

Préface du temps pascal, p. 222, ou de l'Ascension, p. 224.

Antienne de la communion

L'Esprit Saint me glorifiera,
dit le Seigneur, car il recevra
ce qui vient de moi
pour vous le faire connaître,
alléluia. (Jn 16, 14)

Prière après la communion

Dans ta bonté, Seigneur, exauce nos prières : déjà, nous sommes passés du monde ancien aux sacrements des temps nouveaux : fais-nous quitter ce qui ne peut que vieillir, envoie-nous un esprit de renouveau et de sainteté. Par le Christ, notre Seigneur. ***— Amen.***

INVITATION

« Toi, suis-moi. » Que signifie cet appel pour moi ?

COMMENTAIRE

Le nom caché Jean 21, 20-25

« Le disciple que Jésus aimait. » Une belle expression, tissée au fil du temps. Elle témoigne d'une délicate proximité entre Jésus et cet homme qui a reposé sur la poitrine du Maître lors de l'ultime repas partagé, la veille de la Passion. Si le nom de ce disciple reste caché, n'est-ce pas une invitation à entrer à notre tour dans l'amitié que le Fils de l'homme désire vivre avec chacun des enfants du Père ? L'eucharistie en est le raccourci ! ■

***Bénédicte de la Croix**, cistercienne*

DIMANCHE 28 MAI 2023

PENTECÔTE

ANNÉE A – COULEUR LITURGIQUE : ROUGE

« L’amour de Dieu a été répandu dans nos cœurs. » C’est lui, l’Esprit, qui assure la cohésion de tous les baptisés, appelés à ne faire qu’un seul corps. Ainsi, nous pourrons témoigner de la visée universelle de Dieu, celle de sauver tous les hommes.

RITES INITIAUX

Chant d'entrée *(Suggestions p. 246)*
OU
Antienne d'ouverture
L'Esprit du Seigneur remplit l'univers :
lui qui tient ensemble tous les êtres, il sait
se faire comprendre en toute langue, alléluia.
(cf. Sg 1, 7)
OU
L'amour de Dieu a été répandu dans nos cœurs
par son Esprit qui habite en nous, alléluia.
(Rm 5, 5 ; cf. 8, 11)

Suggestion de préparation pénitentielle *(ou p. 215)*
Habités par l'Esprit Saint, donné à l'Église en abondance, tournons-nous vers Dieu et reconnaissons que nous sommes pécheurs.

Seigneur Jésus, ton Esprit éclaire nos cœurs, béni sois-tu et prends pitié de nous.
— Béni sois-tu et prends pitié de nous.
Ô Christ, ton Esprit lave ce qui est souillé, béni sois-tu et prends pitié de nous.
— Béni sois-tu et prends pitié de nous.

Seigneur Jésus, ton Esprit rend droit ce qui est faussé, béni sois-tu et prends pitié de nous.
— Béni sois-tu et prends pitié de nous.

Que Dieu tout-puissant nous fasse miséricorde ; qu'il nous pardonne nos péchés et nous conduise à la vie éternelle. ***— Amen.***

Gloire à Dieu *(p. 218)*

Prière

Seigneur Dieu, dans le mystère de la fête que nous célébrons aujourd'hui, tu sanctifies ton Église entière chez tous les peuples et dans toutes les nations ; répands les dons de l'Esprit Saint sur l'immensité du monde, et continue dans le cœur des croyants l'œuvre divine entreprise au début de la prédication évangélique. Par Jésus… ***— Amen.***

LITURGIE DE LA PAROLE

Lecture du livre des Actes des Apôtres (2, 1-11)

« Tous furent remplis d'Esprit Saint et se mirent à parler en d'autres langues »

Quand arriva le jour de la Pentecôte, au terme des cinquante jours après Pâques, ils se trouvaient réunis tous ensemble. Soudain un bruit survint du ciel comme un violent coup de vent :

la maison où ils étaient assis en fut remplie tout entière. Alors leur apparurent des langues qu'on aurait dites de feu, qui se partageaient, et il s'en posa une sur chacun d'eux. Tous furent remplis d'Esprit Saint : ils se mirent à parler en d'autres langues, et chacun s'exprimait selon le don de l'Esprit.

Or, il y avait, résidant à Jérusalem, des Juifs religieux, venant de toutes les nations sous le ciel. Lorsque ceux-ci entendirent la voix qui retentissait, ils se rassemblèrent en foule. Ils étaient en pleine confusion parce que chacun d'eux entendait dans son propre dialecte ceux qui parlaient.

Dans la stupéfaction et l'émerveillement, ils disaient : « Ces gens qui parlent ne sont-ils pas tous galiléens ? Comment se fait-il que chacun de nous les entende dans son propre dialecte, sa langue maternelle ? Parthes, Mèdes et Élamites, habitants de la Mésopotamie, de la Judée et de la Cappadoce, de la province du Pont et de celle d'Asie, de la Phrygie et de la Pamphylie, de l'Égypte et des contrées de Libye proches de Cyrène, Romains de passage, Juifs de naissance et convertis, Crétois et Arabes, tous nous les entendons parler dans nos langues des merveilles de Dieu. »

– Parole du Seigneur.

Psaume 103 (104)

℟ ***Ô Seigneur, envoie ton Esprit qui renouvelle la face de la terre !***
OU ***Alléluia !***

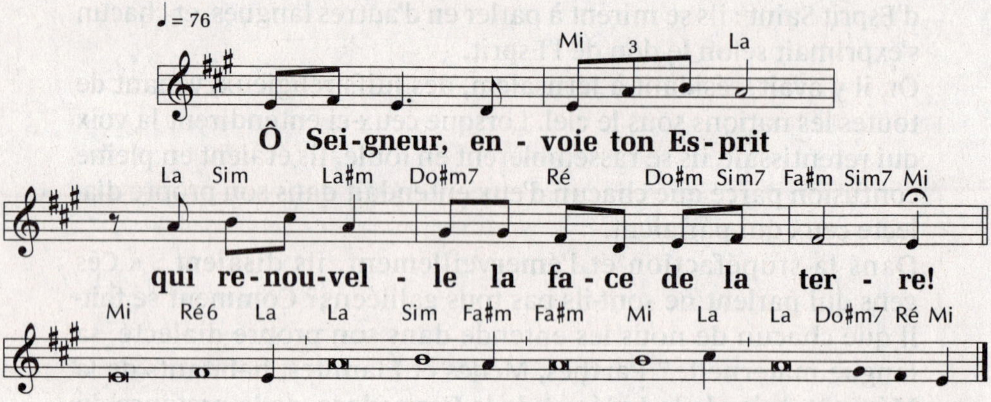

T. : AELF; M. : J.-P. Hervy; Éd. : ADF.

Bénis le Seigneur, ô mon âme ;
Seigneur mon Dieu, tu es si grand !
Quelle profusion dans tes œuvres, Seigneur !
La terre s'emplit de tes biens. ℟

Tu reprends leur souffle, ils expirent
et retournent à leur poussière.
Tu envoies ton souffle : ils sont créés ;
tu renouvelles la face de la terre. ℟

Retrouvez ce psaume sur le CD "Les psaumes de l'année A"

Gloire au Seigneur à tout jamais !
Que Dieu se réjouisse en ses œuvres !
Que mon poème lui soit agréable ;
moi, je me réjouis dans le Seigneur. ℟

Lecture de la première lettre de saint Paul apôtre aux Corinthiens (12, 3b-7. 12-13)

« C'est dans un unique Esprit que nous tous avons été baptisés pour former un seul corps »

Frères, personne n'est capable de dire : « Jésus est Seigneur » sinon dans l'Esprit Saint. Les dons de la grâce sont variés, mais c'est le même Esprit. Les services sont variés, mais c'est le même Seigneur. Les activités sont variées, mais c'est le même Dieu qui agit en tout et en tous. À chacun est donnée la manifestation de l'Esprit en vue du bien.

Prenons une comparaison : le corps ne fait qu'un, il a pourtant plusieurs membres ; et tous les membres, malgré leur nombre, ne forment qu'un seul corps. Il en est ainsi pour le Christ. C'est dans un unique Esprit, en effet, que nous tous, Juifs ou païens, esclaves ou hommes libres, nous avons été baptisés pour former un seul corps. Tous, nous avons été désaltérés par un unique Esprit.

– Parole du Seigneur.

Séquence

Viens, Esprit Saint, en nos cœurs
et envoie du haut de ciel
un rayon de ta lumière.

Viens en nous, père des pauvres,
viens, dispensateur des dons,
viens, lumière de nos cœurs.

Consolateur souverain,
hôte très doux de nos âmes,
adoucissante fraîcheur.

Dans le labeur, le repos ;
dans la fièvre, la fraîcheur ;
dans les pleurs, le réconfort.

Ô lumière bienheureuse,
viens remplir jusqu'à l'intime
le cœur de tous tes fidèles.

Sans ta puissance divine,
il n'est rien en aucun homme,
rien qui ne soit perverti.

Lave ce qui est souillé,
baigne ce qui est aride,
guéris ce qui est blessé.

Assouplis ce qui est raide,
baigne ce qui est froid,
rends droit ce qui est faussé.

À tous ceux qui ont la foi
et qui en toi se confient
donne tes sept dons sacrés.

Donne mérite et vertu,
donne le salut final,
donne la joie éternelle.
– *Amen.*

Acclamation de l'Évangile

Alléluia. Alléluia. Viens, Esprit Saint ! Emplis le cœur de tes fidèles ! Allume en eux le feu de ton amour ! ***Alléluia.***

IU 56-65; M. : P. Robert; Bayard Liturgie.

Évangile de Jésus Christ selon saint Jean (20, 19-23)

« De même que le Père m'a envoyé,
moi aussi je vous envoie : recevez l'Esprit Saint »

C'était après la mort de Jésus; le soir venu, en ce premier jour de la semaine, alors que les portes du lieu où se trouvaient les disciples étaient verrouillées par crainte des Juifs, Jésus vint, et il était là au milieu d'eux. Il leur dit : « La paix soit avec vous ! » Après cette parole, il leur montra ses mains et son côté. Les disciples furent remplis de joie en voyant le Seigneur. Jésus leur dit de nouveau : « La paix soit avec vous ! De même que le Père m'a envoyé, moi aussi,

je vous envoie. » Ayant ainsi parlé, il souffla sur eux et il leur dit : « Recevez l'Esprit Saint. À qui vous remettrez ses péchés, ils seront remis ; à qui vous maintiendrez ses péchés, ils seront maintenus. »

Homélie

Profession de foi (p. 219)

Suggestion de prière universelle

Le prêtre :

En cette solennité de la Pentecôte, tournons-nous vers le Christ Ressuscité, demandons-lui d'envoyer son Esprit Saint sur tous les hommes et toutes les femmes de notre monde.

℟ ***Ô Seigneur, envoie ton Esprit, Ô Seigneur, envoie ton Esprit.***

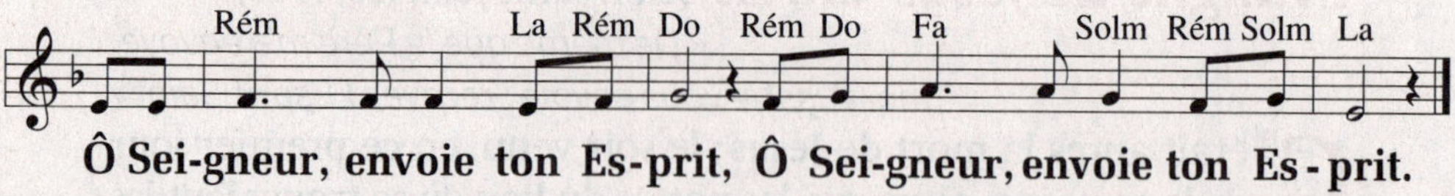

CFC ; M : Michel Wackenheim ; Bayard.

Le diacre ou un lecteur :

Avec le pape François, prions pour que tous les baptisés se sentent responsables de l'évangélisation du monde, qu'ils mettent leur charisme au service des besoins de tous. Prions le Seigneur. ℟

Pour chaque communauté locale, pour les croyants de toutes les religions, afin que l'Esprit de Dieu conduise les uns et les autres vers davantage de dialogue et de communion. Prions le Seigneur. ℟

Pour les populations victimes de conflits armés, d'épidémies ou de catastrophes naturelles, afin que se lèvent des artisans de paix remplis d'espérance. Prions le Seigneur. ℟

Pour les personnes malades, pour ceux qui les soignent, pour chacun de nous, afin que nous prenions conscience de notre corps comme étant le temple de l'Esprit. Prions le Seigneur. ℟

(Ces intentions seront adaptées ou modifiées selon les circonstances.)

Le prêtre :

Dieu notre Père, Dieu d'amour et de paix, écoute nos prières, envoie sur nous le souffle de l'Esprit et renouvelle ton Église. Nous te le demandons par le Christ, notre Seigneur. ***– Amen.***

LITURGIE EUCHARISTIQUE

Prière sur les offrandes

Nous t'en prions, Seigneur, selon la promesse de ton Fils, que l'Esprit Saint nous fasse entrer plus avant dans l'intelligence du sacrifice que nous célébrons et nous ouvre à la vérité tout entière. Par le Christ, notre Seigneur. ***– Amen.***

Prière eucharistique

(Préface de la Pentecôte)

Vraiment, il est juste et bon, pour ta gloire et notre salut, de t'offrir notre action de grâce, toujours et en tout lieu, Seigneur, Père très saint, Dieu éternel et tout-puissant. Pour accomplir jusqu'au bout le mystère de Pâques, tu as répandu largement aujourd'hui l'Esprit Saint sur ceux dont tu as fait tes enfants d'adoption en les unissant à ton Fils unique. C'est ton Esprit qui, au commencement de l'Église, a donné à tous les peuples la connaissance du vrai Dieu, et a rassemblé les diverses langues dans la confession d'une seule foi. C'est pourquoi la joie pascale rayonne par tout l'univers, la terre entière exulte, les puissances d'en haut et les anges dans le ciel chantent sans fin l'hymne de ta gloire : ***Saint ! Saint ! Saint...***

Chant de communion *(Suggestions p. 246)*

OU

Antienne de la communion

Tous furent remplis d'Esprit Saint,
et proclamaient les merveilles de Dieu, alléluia.
(Ac 2, 4. 11)

Prière après la communion

Seigneur Dieu, tu accordes largement les dons du ciel à ton Église, protège la grâce que tu lui as donnée : que l'effusion de l'Esprit Saint agisse avec toujours plus de force, et que cette nourriture spirituelle multiplie les effets de la rédemption éternelle. Par le Christ, notre Seigneur. **— *Amen.***

RITE DE CONCLUSION

Bénédiction solennelle

Dieu, le Père des lumières, a voulu éclairer le cœur des disciples par l'effusion de l'Esprit Consolateur : qu'il vous donne la joie de sa bénédiction et vous accorde à jamais les dons de l'Esprit.

— *Amen.*

Que le feu d'en haut venu sur les disciples consume avec puissance tout mal au fond de vos cœurs et les éclaire par l'effusion de sa lumière.

— *Amen.*

L'Esprit rassemble les peuples de toutes langues pour proclamer une seule foi : qu'il vous donne de persévérer dans cette même foi et de passer ainsi de l'espérance à la claire vision.

— *Amen.*

Et que la bénédiction de Dieu tout-puissant, le Père, et le Fils, ✠ et le Saint-Esprit, descende sur vous et y demeure toujours.

— *Amen.*

Envoi

COMMENTAIRE DU DIMANCHE

Vincent Leclercq, prêtre assomptionniste

Le feu qui transforme et rassemble

L'Esprit Saint transforme des disciples déboussolés en témoins de l'Évangile. Il abat les murs de la peur et ouvre à l'humanité les portes de la miséricorde divine. Désormais, chacun peut accueillir le Seigneur en lui. Trois signes manifestent sa présence : les langues, le vent et le feu.

Les hommes peinent à se comprendre. Ils parlent beaucoup mais, parfois, pour dire une chose et son contraire. L'Esprit Saint fait l'union des cœurs dans la charité et l'unité des esprits dans la vérité. Il nous rassemble dans notre diversité. Loin du repli sur soi, il a le goût de l'autre et prend le risque de la rencontre.

Comme le vent, l'Esprit Saint balaie tout sur son passage. Il fait le ménage. Ce qui n'a pas de poids s'envole et se disperse. Acceptons de le voir nous enlever ce qui ne peut que nous empoussiérer ou

nous alourdir sur le chemin. Comme le feu, l'Esprit Saint éclaire et réchauffe. Chacun a besoin de ce feu qui le rejoint dans ses obscurités ou lorsqu'il tremble de froid dans sa vie. Mais aussi d'être comme un fer porté au feu de l'amour divin pour devenir l'instrument du Seigneur et prendre la forme qu'il veut nous donner.
Nous ne parviendrons pas à cette transformation par nous-mêmes. Demandons la grâce de l'Esprit Saint pour recevoir de lui le courage d'accueillir ce feu qui réchauffe notre âme et nous transforme à sa guise.

~

Jésus ressuscité a rejoint ses disciples réunis.
L'Esprit Saint peut-il souffler lorsque nos communautés ou nos familles sont divisées ?

L'Esprit offre à chacun d'être soi-même et de donner le meilleur. Est-ce que je sais reconnaître son action en l'autre ? ■

Prions en Église Junior

LIRE L'ÉVANGILE AVEC LES ENFANTS

CE QUE JE DÉCOUVRE

Si l'on s'arrête à la tristesse de la mort de Jésus, on rate le message des chrétiens. Le principal, c'est qu'il est ressuscité ! Les disciples ont vu Jésus vivant alors qu'il était mort… Et leurs cœurs sont devenus joyeux et se sont apaisés.
À nous aussi, **l'Esprit Saint ouvre les yeux.** Jésus est présent, mais d'une nouvelle manière par son Esprit Saint.
Aujourd'hui, en cette fête de Pentecôte, demandons la force de l'Esprit de Dieu pour tous les chrétiens du monde.

CE QUE JE VIS

Pourquoi les disciples ont-ils peur ?
Quels gestes, quelles paroles les apaisent ?
Et toi, qu'est-ce qui te rassure lorsque tu as peur ?
Dans ta chambre, mets-toi devant la fenêtre.
Ouvre-la et sens le vent souffler comme l'Esprit Saint.

Texte : Pierre-Marie Leroy. Illustrations : Marcelino Truong

MÉDITATION BIBLIQUE

PENTECÔTE

Première lettre de saint Paul apôtre aux Corinthiens 12, 3b-7. 12-13

Désaltérés par l'unique Esprit

Saint Paul traite tout à la fois de diversité et d'unité, deux réalités que nous avons du mal à tenir ensemble tant il nous faut apprendre à articuler notre singularité avec celle d'autrui pour faire communauté.

Le temps de la préparation

« Viens en nous, [...] dispensateur des dons. » (Séquence)

Le temps de l'observation

Il peut être bon de se souvenir que Paul s'adresse à une communauté en proie aux divisions (1 Co 1, 11), et de resituer les versets proposés à notre méditation sur cet horizon. Des répétitions scandent le passage : « variés », « même ». Variés sont les dons de la grâce, les services dans l'Église, les activités, mais c'est toujours le même Esprit, le même Seigneur, le même Dieu qui agit « en tout et en tous ». Car c'est à ce niveau de profondeur et de disponibilité que nous sommes invités à nous situer. Toute communauté ecclésiale n'est-elle pas appelée à manifester le mystère trinitaire, Dieu un et trine ? La comparaison du •••

... corps vient illustrer concrètement cette donnée du réel où la diversité se déploie sur le fondement et l'horizon de l'unité dont le baptême (1 Co 12, 13) et l'eucharistie (1 Co 10, 16-17) sont les sacrements. Le chapitre 1 de la Genèse est à cet égard significatif du projet de Dieu : une création diversifiée mais en harmonie, à l'opposé du « tohu-bohu », magma indifférencié.

Le temps de la méditation

Si l'Esprit nous personnalise en nous dotant de dons particuliers pour l'édification de la communauté ecclésiale et humaine, il est aussi celui qui donne cohésion à la multiplicité et à la diversité que nous formons « jusqu'à ce que nous parvenions tous ensemble à l'unité dans la foi [...] à la stature du Christ dans sa plénitude » (Ep 4, 13). La Bible nous apprend que, précisément, nous sommes « blessés » en ces domaines : entre revendication et refus de notre différence, entre désir d'appartenance à un groupe et peur de nous y perdre, etc. Autant dire qu'elle nous invite à un travail sur nous-mêmes pour apprivoiser notre différence, nous unifier dans nos élans parfois contraires – ce qui constitue une étape indispensable pour accueillir la singularité d'autrui sans craindre d'être annihilés. Ces propos de Paul ne sont pas sans évoquer l'allégorie de la vigne (Jn 15, 1-6) où il nous est rappelé que, sans le Christ, nous ne pouvons rien faire mais qu'il nous appartient de prendre les moyens de lui rester unis.

Le temps de la prière

« Viens, Esprit Saint [...] À tous ceux qui ont la foi et qui en toi se confient [...], donne la joie éternelle. » (Séquence) ■

Emmanuelle Billoteau, ermite

PARTAGE BIBLIQUE

Environ 45 minutes

Une bible ou Prions en Église, *page 184*

LE RÉCIT DE PENTECÔTE (AC 2, 1-11)

Lire

Nous lisons le récit étonnant de l'irruption explosive de l'Esprit Saint.

Comprendre le texte

La venue de l'Esprit Saint annoncée par le Ressuscité (Lc 24, 49) se produit lors de la fête juive « des semaines », Shavouot, cinquante jours après la Pâque. Cette fête des moissons s'est progressivement transformée pour les Juifs en rappel du don de la Loi au Sinaï. À la Pentecôte, Dieu scelle une Nouvelle Alliance fondatrice. Sous la forme de « langues qu'on aurait dites de feu, qui se partageaient », l'Esprit descend sur les croyants réunis dans une maison. Il peut s'agir des Onze avec les femmes et les frères de Jésus ou encore du groupe des Douze nouvellement reconstitué. Des signes, qui annoncent la venue de Dieu dans les récits de la Première Alliance, accompagnent cette irruption du Souffle saint : du •••

PARTAGE BIBLIQUE (SUITE) LE RÉCIT DE PENTECÔTE (AC 2, 1-11)

... vent, du feu. À la surprise générale, l'Esprit fait parler chacun dans une autre langue, qu'il ne connaissait pas. La malédiction de Babel est déjouée, la bénédiction de Dieu s'étend à toute la terre. La foule est composée de la multitude des Juifs qui viennent de la diaspora et sont montés à Jérusalem pour la fête. Dieu fait entendre l'Évangile à toutes les nations par la bouche de Galiléens sans instruction.

Partager

- Comment est-ce que je vis ma relation à l'Esprit Saint ?
- Comment est-ce que je rends accessible le message de l'Évangile aux personnes qui me demandent des explications ?
- Quel défi représente la diversité des sensibilités religieuses dans l'Église ?
- Une merveille de Dieu a-t-elle bouleversé le cours de ma vie ?

Prier

Nous invoquons les dons de l'Esprit Saint sur chacun de nous en chantant : *Viens embraser nos cœurs* (K 35-29). ■

Sylvain Gasser, prêtre assomptionniste

LUNDI 29 MAI 2023

COULEUR LITURGIQUE : BLANC

Bienheureuse Vierge Marie, Mère de l'Église

Antienne d'ouverture

Les disciples, d'un seul cœur,
persévéraient dans la prière avec Marie,
la Mère de Jésus. (cf. Ac 1, 14)

Prière

Dieu, Père de toute miséricorde, ton Fils unique, cloué sur la croix, a voulu que la bienheureuse Vierge Marie, sa Mère, soit aussi notre mère ; accorde à ton Église, soutenue par son amour, la joie de donner naissance à des enfants toujours plus nombreux, de les voir grandir en sainteté et d'attirer à elle toutes les familles des peuples. Par Jésus… ***— Amen.***

Lectures propres à la mémoire de la bienheureuse Vierge Marie, Mère de l'Église.

Lecture

du livre de la Genèse (3, 9-15. 20)

« La mère de tous les vivants »

Quand Adam eut mangé du fruit de l'arbre, le Seigneur Dieu l'appela et lui dit : « Où es-tu donc ? » L'homme répondit : « J'ai entendu ta voix dans le jardin, j'ai pris peur parce que je suis nu, et je me suis caché. » Le Seigneur reprit : « Qui donc t'a dit que tu étais nu ? Aurais-tu

28 - 31

mangé de l'arbre dont je t'avais interdit de manger ? » L'homme répondit : « La femme que tu m'as donnée, c'est elle qui m'a donné du fruit de l'arbre, et j'en ai mangé. » Le Seigneur Dieu dit à la femme : « Qu'as-tu fait là ? » La femme répondit : « Le serpent m'a trompée, et j'ai mangé. » Alors le Seigneur Dieu dit au serpent : « Parce que tu as fait cela, tu seras maudit parmi tous les animaux et toutes les bêtes des champs. Tu ramperas sur le ventre et tu mangeras de la poussière tous les jours de ta vie. Je mettrai une hostilité entre toi et la femme, entre ta descendance et sa descendance : celle-ci te meurtrira la tête, et toi, tu lui meurtriras le talon. » L'homme appela sa femme Ève (c'est-à-dire : la vivante), parce qu'elle fut la mère de tous les vivants.

– Parole du Seigneur.

On peut aussi lire Actes 1, 12-14.

Psaume 86 (87)

℟ ***Pour ta gloire on parle de toi, ville de Dieu !***

Elle est fondée sur les mont<u>a</u>gnes saintes.
Le Seigneur aime les p<u>o</u>rtes de Sion
plus que toutes les deme<u>u</u>res de Jacob. ℟

Pour ta gloire on parle de toi, v<u>i</u>lle de Dieu !
Mais on appelle Si<u>o</u>n : « Ma mère ! »
car en elle, tout h<u>o</u>mme est né*.
C'est lui, le Très-Ha<u>u</u>t, qui la maintient. ℟

Au registre des peuples, le Seigne<u>u</u>r écrit :
« Chacun est n<u>é</u> là-bas. »
Tous ensemble ils d<u>a</u>nsent, et ils chantent :
« En toi, to<u>u</u>tes nos sources ! » ℟

Acclamation de l'Évangile

Alléluia. Alléluia. Heureuse Vierge Marie, tu as enfanté le Seigneur ! Bienheureuse Mère de l'Église, tu fais brûler en nous l'Esprit de ton Fils Jésus, le Christ. ***Alléluia.***

Évangile de Jésus Christ

selon saint Jean (19, 25-34)

« Voici ton fils. Voici ta mère »

En ce temps-là, près de la croix de Jésus se tenaient sa mère et la sœur de sa mère, Marie, femme de Cléophas, et Marie Madeleine. Jésus, voyant sa mère, et près d'elle le disciple qu'il aimait, dit à sa mère : « Femme, voici ton fils. » Puis il dit au disciple : « Voici ta mère. » Et à partir de cette heure-là, le disciple la prit chez lui. Après cela, sachant que tout, désormais, était achevé pour que l'Écriture s'accomplisse jusqu'au bout, Jésus dit : « J'ai soif. » Il y avait là un récipient plein d'une boisson vinaigrée. On fixa donc une éponge remplie de ce vinaigre à une branche d'hysope, et on l'approcha de sa bouche. Quand il eut pris le vinaigre, Jésus dit : « Tout est accompli. » Puis, inclinant la tête, il remit l'esprit. Comme c'était le jour de la Préparation (c'est-à-dire le vendredi), il ne fallait pas laisser les corps en croix durant le sabbat, d'autant plus que ce sabbat était le grand jour de la Pâque. Aussi les Juifs demandèrent à Pilate qu'on enlève les corps après leur avoir brisé les jambes. Les soldats allèrent donc briser les jambes du premier, puis de l'autre homme crucifié avec Jésus. Quand ils arrivèrent à Jésus, voyant qu'il était déjà mort, ils ne lui brisèrent pas les jambes, mais un des soldats avec sa lance lui perça le côté ; et aussitôt, il en sortit du sang et de l'eau.

Prière sur les offrandes

Accueille, Seigneur, nos offrandes pour en faire le mystère de notre salut : que, par sa puissance, nous brûlions de l'amour qui habitait la Vierge Marie, Mère de l'Église, et méritions d'être associés plus étroitement avec elle à l'œuvre de la rédemption. Par le Christ, notre Seigneur. **— *Amen.***

Préface de la bienheureuse Vierge Marie, Mère de l'Église, p. 225.

Antienne de la communion

Il y eut des noces à Cana en Galilée,
et la Mère de Jésus était là.
C'est alors que Jésus fit le premier
de ses signes : il manifesta sa gloire,
et ses disciples crurent en lui.
(cf. Jn 2, 1. 11)

OU

Suspendu à la croix,
Jésus dit au disciple qu'il aimait :
« Voici ta mère. » (cf. Jn 19, 26-27)

Prière après la communion

Nous avons reçu le gage de la rédemption et de la vie, et nous te supplions encore, Seigneur : qu'avec l'aide maternelle de la Vierge Marie, ton Église enseigne tous les peuples par l'annonce de l'Évangile et remplisse le monde entier de l'effusion de ton Esprit. Par le Christ, notre Seigneur.
— *Amen.*

INVITATION

C'est le jour de la mémoire de Marie, Mère de l'Église. L'occasion de nous rappeler l'essence de sa mission au cœur du peuple de Dieu.

COMMENTAIRE

Toute donnée

Jean 19, 25-34

Marie se tenait là, près de la Croix, fidèle, comme son Fils, jusqu'au bout. Un jour, elle avait dit « oui », mais elle savait que le « oui » dit à Dieu est sans cesse à redire. Marie, qui n'a pas été marquée par le péché, ne peut dire « non », elle ne peut se détourner de Dieu. Alors, oui, elle se tient près de la Croix, le regard tourné vers son Fils. Et elle accepte d'être donnée à Jean comme mère, et elle accueille Jean comme fils, comme don fait par son Fils sur la Croix. Avec Jésus, son enfant, elle donne et elle reçoit. ■

***Gérard Naslin**, prêtre du diocèse de Nantes*

✲ CLÉ DE LECTURE

« Tout homme est né »

Psaume 86 (87), 5 *(p. 202)*

Jérusalem, la cité de David, où Dieu se rend présent dans le Temple au milieu de son peuple ! Capitale de Juda pendant quatre cents ans, reconstruite au retour d'Exil, elle incarne l'espérance d'un renouveau du peuple d'Israël et d'une réconciliation avec les nations ennemies (l'Égypte, l'Assyrie). Vers elle convergeront tous les peuples qui viendront honorer le Dieu unique. Le livre de l'Apocalypse, bien plus tard, verra la Jérusalem céleste descendre du ciel, à la fin des temps. Mais dans ce magnifique psaume de louange, Jérusalem n'est pas seulement la figure ultime de l'humanité réconciliée, elle en est la source. Fondant une fraternité universelle, elle dit l'origine et la destination de tout être humain : servir Dieu et chanter sa louange. ■

***Roselyne Dupont-Roc**, bibliste*

MARDI 30 MAI 2023

8E SEMAINE DU TEMPS ORDINAIRE COULEUR LITURGIQUE : VERT

Temps ordinaire, *suggestion d'oraisons et d'antiennes n° 28*
ou, en France, **sainte Jeanne d'Arc**

Antienne d'ouverture

Si tu retiens les fautes, Seigneur, Seigneur, qui subsistera ?
Mais près de toi se trouve le pardon, Dieu d'Israël. (cf. Ps 129, 3-4)

Prière

Nous t'en prions, Seigneur, que ta grâce nous devance et qu'elle nous accompagne toujours, pour nous rendre attentifs à faire le bien sans relâche. Par Jésus… ***— Amen.***

Lecture

du livre de Ben Sira le Sage (35, 1-15)

« C'est offrir un sacrifice de paix que s'attacher aux commandements »

C'est présenter de multiples offrandes que d'observer la Loi ; c'est offrir un sacrifice de paix que s'attacher aux commandements. C'est apporter une offrande de fleur de farine que se montrer reconnaissant ; c'est présenter un sacrifice de louange que faire l'aumône. On obtient la bienveillance du Seigneur en se détournant du mal ; on offre un sacrifice d'expiation en se détournant de l'injustice. Ne te présente pas devant le Seigneur les mains vides. Accomplis tout cela car tel est son commandement. L'offrande de l'homme juste est comme la graisse des sacrifices

sur l'autel, son agréable odeur s'élève devant le Très-Haut. Le sacrifice de l'homme juste est agréé par Dieu qui en gardera mémoire. Rends gloire au Seigneur sans être regardant : ne retranche rien des prémices de ta récolte. Chaque fois que tu fais un don, montre un visage joyeux ; consacre de bon cœur à Dieu le dixième de ce que tu gagnes. Donne au Très-Haut selon ce qu'il te donne, et, sans être regardant, selon tes ressources. Car le Seigneur est celui qui paye de retour ; il te rendra sept fois plus que tu n'as donné. N'essaye pas de l'influencer par des présents, il ne les acceptera pas ; ne mets pas ta confiance dans un sacrifice injuste. Car le Seigneur est un juge qui se montre impartial envers les personnes. – Parole du Seigneur.

Psaume 49 (50)

℟ ***À celui qui veille sur sa conduite, je ferai voir le salut de Dieu.***

Dieu convoque les hauteurs des cieux
et la terre au jugement de son peuple :
« Assemblez devant moi mes fidèles,
eux qui scellent d'un sacrifice mon alliance. »
Et les cieux proclament sa justice :
oui, le juge, c'est Dieu ! ℟

« Écoute, mon peuple, je parle ;
Israël, je te prends à témoin.
Moi, Dieu, je suis ton Dieu !
Je ne t'accuse pas pour tes sacrifices ;
tes holocaustes sont toujours
devant moi. ℟

« Offre à Dieu le sacrifice d'action de grâce,
accomplis tes vœux envers le Très-Haut.
Qui offre le sacrifice d'action de grâce,
celui-là me rend gloire :
sur le chemin qu'il aura pris,
je lui ferai voir le salut de Dieu. » ℟

Acclamation de l'Évangile

Alléluia. Alléluia. Tu es béni, Père, Seigneur du ciel et de la terre, tu as révélé aux tout-petits les mystères du Royaume ! ***Alléluia.***

Évangile de Jésus Christ

selon saint Marc (10, 28-31)

« Vous recevrez, en ce temps déjà, le centuple, avec des persécutions, et, dans le monde à venir, la vie éternelle »

En ce temps-là, Pierre se mit à dire à Jésus : « Voici que nous avons tout quitté pour te suivre. » Jésus déclara : « Amen, je vous le dis : nul n'aura quitté, à cause de moi et de l'Évangile, une maison, des frères, des sœurs, une mère, un père, des enfants ou une terre sans qu'il reçoive, en ce temps déjà, le centuple : maisons, frères, sœurs, mères, enfants et terres, avec des persécutions, et, dans le monde à venir, la vie éternelle.

« Beaucoup de premiers seront derniers, et les derniers seront les premiers. »

Prière sur les offrandes

Avec l'offrande de ce sacrifice, accueille, Seigneur, les prières de tes fidèles ; que cette liturgie célébrée avec ferveur nous fasse parvenir à la gloire du ciel. Par le Christ, notre Seigneur. ***— Amen.***

Antienne de la communion
Des riches ont tout perdu,
ils ont faim ; qui cherche le Seigneur
ne manquera d'aucun bien. (Ps 33, 11)
OU
Quand le Seigneur sera manifesté,
nous lui serons semblables car nous
le verrons tel qu'il est. (cf. 1 Jn 3, 2)

Prière après la communion
Seigneur, Dieu de majesté, nous t'en supplions humblement : puisque tu nous as nourris du corps et du sang très saints, rends-nous participants de la nature divine. Par le Christ, notre Seigneur. — ***Amen.***

INVITATION

Tout au long de cette journée, je garde en mémoire que beaucoup de premiers seront derniers, et que les derniers seront les premiers.

COMMENTAIRE

Promesses pour aujourd'hui et pour demain Marc 10, 28-31

Pierre prend la parole : « Voici que nous avons tout quitté pour te suivre. » Jésus fait une double promesse : l'une pour dès aujourd'hui, le centuple dans le quotidien de leur existence d'hommes. Mais Jésus ne leurre pas ses amis, ils vont souffrir aussi « des persécutions » : « Un serviteur n'est pas plus grand que son maître » (Jn 13, 16). La seconde promesse, c'est pour « le monde à venir », et c'est « la vie éternelle ». Là encore les disciples connaîtront ce que connaîtra leur Maître : la gloire, la victoire de l'amour sur la haine et sur la mort. Seigneur, aide-moi à mériter tes promesses. ■

Gérard Naslin*, prêtre du diocèse de Nantes*

MERCREDI 31 MAI 2023

COULEUR LITURGIQUE : BLANC

La Visitation de la Vierge Marie

Une charité attentive, la joie d'un cœur ouvert au projet divin… La rencontre de Marie et Élisabeth fait déjà percevoir des signes du salut apporté par le Christ.

Antienne d'ouverture

Venez, écoutez, vous tous qui craignez Dieu : je vous dirai ce que le Seigneur a fait pour mon âme. (Ps 65, 16)

Gloire à Dieu *(p. 218)*

Prière

Dieu éternel et tout-puissant, tu as inspiré à la bienheureuse Vierge Marie, qui portait en elle ton propre Fils, de rendre visite à Élisabeth ; accorde-nous d'être dociles au souffle de l'Esprit afin de pouvoir, avec elle, te magnifier éternellement. Par Jésus… ***— Amen.***

Lectures propres à la fête de la Visitation de la Vierge Marie.

Lecture

du livre du prophète Sophonie (3, 14-18)

« Le roi d'Israël, le Seigneur, est en toi »

Pousse des cris de joie, fille de Sion* ! Éclate en ovations, Israël ! Réjouis-toi, de tout ton cœur bondis de joie, fille de Jérusalem ! Le Seigneur a levé les sentences qui pesaient sur toi, il a écarté tes ennemis. Le roi d'Israël, le Seigneur, est en toi. Tu n'as plus à craindre le malheur. Ce jour-là, on dira à Jérusalem : « Ne crains pas, Sion !

Ne laisse pas tes mains défaillir ! Le Seigneur ton Dieu est en toi, c'est lui, le héros qui apporte le salut. Il aura en toi sa joie et son allégresse, il te renouvellera par son amour ; il exultera pour toi et se réjouira, comme aux jours de fête. » J'ai écarté de toi le malheur, pour que tu ne subisses plus l'humiliation.
– Parole du Seigneur.

On peut aussi lire la lettre de saint Paul apôtre aux Romains 12, 9-16b.

Cantique (Isaïe 12, 2, 3, 4abcd, 4e-5, 6)

℟ ***Il est grand au milieu de toi, le Dieu Saint d'Israël.***

Voici le Dieu qui me sauve :
j'ai confiance, je n'ai plus de crainte.
Ma force et mon chant, c'est le Seigneur ;
il est pour moi le salut. ℟

Exultant de joie,
vous puiserez les eaux
aux sources du salut. ℟

Ce jour-là, vous direz :
« Rendez grâce au Seigneur,
proclamez son nom,
annoncez parmi les peuples
ses hauts faits ! » ℟

Redites-le : « Sublime est son nom ! »
Jouez pour le Seigneur,
il montre sa magnificence,
et toute la terre le sait. ℟

Jubilez, criez de joie,
habitants de Sion,
car il est grand au milieu de toi,
le Saint d'Israël ! ℟

Acclamation de l'Évangile

Alléluia. Alléluia. Heureuse es-tu, Vierge Marie, toi qui as cru que s'accompliraient pour toi les paroles du Seigneur. ***Alléluia.***

Évangile de Jésus Christ

selon saint Luc (1, 39-56)

« D'où m'est-il donné que la mère de mon Seigneur vienne jusqu'à moi ? »

En ces jours-là, Marie se mit en route et se rendit avec empressement vers la région montagneuse, dans une ville de Judée. Elle entra dans la maison de Zacharie et salua Élisabeth. Or, quand Élisabeth entendit la salutation de Marie, l'enfant tressaillit en elle. Alors, Élisabeth fut remplie d'Esprit Saint, et s'écria d'une voix forte : « Tu es bénie entre toutes les femmes, et le fruit de tes entrailles est béni. D'où m'est-il donné que la mère de mon Seigneur vienne jusqu'à moi ? Car, lorsque tes paroles de salutation sont parvenues à mes oreilles, l'enfant a tressailli d'allégresse en moi. Heureuse celle qui a cru à l'accomplissement des paroles qui lui furent dites de la part du Seigneur. »

Marie dit alors : « Mon âme exalte le Seigneur, exulte mon esprit en Dieu, mon Sauveur ! Il s'est penché sur son humble servante ; désormais tous les âges me diront bienheureuse. Le Puissant fit pour moi des merveilles ; Saint est son nom ! Sa miséricorde s'étend d'âge en âge sur ceux qui le craignent. Déployant la force de son bras, il disperse les superbes. Il renverse les puissants de leurs trônes, il élève les humbles. Il comble de biens les affamés, renvoie les riches les mains vides. Il relève

Israël son serviteur, il se souvient de son amour de la promesse faite à nos pères, en faveur d'Abraham et sa descendance à jamais. » Marie resta avec Élisabeth environ trois mois, puis elle s'en retourna chez elle.

Prière sur les offrandes

Accueille, Seigneur souverain, le sacrifice de salut que nous offrons, comme tu as aimé la charité empressée de la Mère bienheureuse de ton Fils unique. Lui qui… ***— Amen.***

2e préface de la Vierge Marie, p. 226.

Antienne de la communion

Tous les âges me diront bienheureuse,
car le Puissant fit pour moi
des merveilles ; saint est son nom !
(Lc 1, 48-49)

Prière après la communion

Que ton Église te magnifie, Seigneur Dieu, toi qui as fait des merveilles pour tes fidèles ; comme le bienheureux Jean Baptiste, tressaillant d'allégresse, a discerné le Christ encore caché dans le sein de sa Mère, que nous percevions avec joie dans le sacrement de l'eucharistie ce même Christ toujours vivant. Lui qui… ***— Amen.***

INVITATION

C'est le dernier jour du mois de Marie. Encore une fois,
je peux me confier à la protection de la servante du Seigneur.

COMMENTAIRE

Échange de regards Luc 1, 39-56

La Visitation est pour Marie un échange de regards : elle lève les yeux vers Dieu, c'est lui qui a commencé à la regarder et fit pour elle des merveilles. En des paroles prophétiques empruntées à l'Ancien Testament, Marie voit déjà l'humanité renouvelée, transformée par son Fils. La mère et le fils parlent déjà la même langue : le Magnificat et les Béatitudes semblent être un duo entre l'humanité et Dieu. Marie, lorsque je te prie, aide-moi à lever les yeux vers ton Fils Jésus, et à porter un regard bienveillant vers mes frères. ■

***Gérard Naslin,** prêtre du diocèse de Nantes*

✻ CLÉ DE LECTURE

« Fille de Sion » Sophonie 3, 14 *(p. 210)*

La liturgie met en parallèle la joie de Jérusalem glorifiant son Dieu et celle de Marie qui chante la venue en elle de l'enfant annoncé. Elle célèbre volontiers Marie sous le nom de « fille de Sion ». La figure de Marie, la jeune Juive choisie par Dieu pour porter le Messie d'Israël et le donner au monde, vient rejoindre celle de la ville aimée de Dieu où il a choisi de se révéler à son peuple et, au-delà, à tous les peuples de la terre. Comme Jérusalem-Sion qui danse de joie en l'honneur de son Dieu, comme certaines femmes de l'histoire d'Israël à qui Dieu a accordé un fils, et notamment Anne, la mère de Samuel, Marie exulte et chante sa joie : Dieu comble de son amour les pauvres, les petits, ce peuple des humbles qui ont mis en lui leur espoir. ■

***Roselyne Dupont-Roc,** bibliste*

Liturgie de la messe

RITES INITIAUX

Le chant d'entrée achevé, le prêtre et les fidèles, debout, font le signe de la croix, tandis que le prêtre, tourné vers le peuple, dit :

Au nom du Père, et du Fils, et du Saint-Esprit.

Le peuple répond :

— Amen.

Salutation

La grâce de Jésus, le Christ, notre Seigneur, l'amour de Dieu le Père, et la communion de l'Esprit Saint soient toujours avec vous.

— Et avec votre esprit.

Ou bien : Que la grâce et la paix de Dieu notre Père et du Seigneur Jésus, le Christ, soient toujours avec vous.

— Et avec votre esprit.

Ou bien : Le Seigneur soit avec vous.

— Et avec votre esprit.

Acte pénitentiel

Frères et sœurs, préparons-nous à célébrer le mystère de l'eucharistie, en reconnaissant que nous avons péché.

(1) Je confesse à Dieu tout-puissant, je reconnais devant vous, frères et sœurs, que j'ai péché en pensée, en parole, par action et par omission ; oui, j'ai vraiment péché. C'est pourquoi je supplie la bienheureuse Vierge Marie, les anges et tous les saints, et vous aussi, frères et sœurs, de prier pour moi le Seigneur notre Dieu.

(2) Prends pitié de nous, Seigneur. ***– Nous avons péché contre toi.***
Montre-nous, Seigneur, ta miséricorde. ***– Et donne-nous ton salut.***

(3) Seigneur Jésus, envoyé pour guérir les cœurs qui reviennent vers toi :
Seigneur, prends pitié. ***– Seigneur, prends pitié.***
Ô Christ, venu appeler les pécheurs : ô Christ, prends pitié.
– Ô Christ, prends pitié.
Seigneur, qui sièges à la droite du Père où tu intercèdes pour nous :
Seigneur, prends pitié. ***– Seigneur, prends pitié.***

Que Dieu tout-puissant nous fasse miséricorde ; qu'il nous pardonne nos péchés et nous conduise à la vie éternelle. ***– Amen.***

Ensuite, on chante ou on dit le Kyrie eleison (Seigneur, prends pitié), à moins qu'il n'ait été déjà employé dans une formule de l'acte pénitentiel (c'est le cas de la précédente).

Kyrie, eleison. ***– Kyrie, eleison.***
Christe, eleison. ***– Christe, eleison.***
Kyrie, eleison. ***– Kyrie, eleison.***
ou bien: Seigneur, prends pitié. ***– Seigneur, prends pitié.***
Ô Christ, prends pitié. ***– Ô Christ, prends pitié.***
Seigneur, prends pitié. ***– Seigneur, prends pitié.***

***(4)** Aux messes dominicales, l'aspersion de l'eau bénite peut tenir lieu de préparation pénitentielle.*

Frères et sœurs bien-aimés, demandons au Seigneur de bénir cette eau qu'il a créée ; nous allons en être aspergés en mémoire de notre baptême : que Dieu nous vienne en aide, afin que nous demeurions fidèles à l'Esprit que nous avons reçu.

Le prêtre prononce sur l'eau une prière d'action de grâce. Au temps pascal :

Seigneur, Dieu tout-puissant, sois favorable aux prières de ton peuple : tandis que nous célébrons la merveille de notre création et la merveille plus grande encore de notre rédemption, daigne bénir ✢ cette eau. Tu l'as créée pour féconder la terre et donner à nos corps fraîcheur et pureté. Tu en as fait aussi l'instrument de ta miséricorde : par elle tu as libéré ton peuple de la servitude et tu as étanché sa soif dans le désert ; par elle les prophètes ont annoncé la nouvelle Alliance que tu allais conclure avec l'humanité ; par elle enfin, eau sanctifiée par le Christ au Jourdain, tu as renouvelé notre nature pécheresse dans le bain de la nouvelle naissance. Que cette eau, maintenant, nous rappelle notre baptême et nous fasse participer à la joie de nos frères et sœurs les baptisés de Pâques. Par le Christ, notre Seigneur **– *Amen.***

Le prêtre circule dans l'assemblée en aspergeant les fidèles pendant que l'on chante un chant baptismal. Par exemple : Par le baptême de renaissance (I 296) ; J'ai vu l'eau vive (I 132).

Que Dieu tout-puissant nous purifie de nos péchés et, par la célébration de cette eucharistie, nous rende dignes de participer à la table de son royaume. Par le Christ, notre Seigneur. **– *Amen.***

Gloire à Dieu

Gloire à Dieu, au plus haut des cieux, et paix sur la terre aux hommes,
qu'il aime. Nous te louons, nous te bénissons, nous t'adorons,
nous te glorifions, nous te rendons grâce, pour ton immense gloire,
Seigneur Dieu, Roi du ciel, Dieu le Père tout-puissant.
Seigneur, Fils unique, Jésus Christ, Seigneur Dieu,
Agneau de Dieu, le Fils du Père ;
toi qui enlèves les péchés du monde, prends pitié de nous ;
toi qui enlèves les péchés du monde, reçois notre prière ;
toi qui es assis à la droite du Père, prends pitié de nous.
Car toi seul es Saint, toi seul es Seigneur, toi seul es le Très-Haut :
Jésus Christ, avec le Saint-Esprit dans la gloire de Dieu le Père. Amen.

Gloria in excelsis Deo et in terra pax hominibus bonæ voluntatis. Laudamus te, benedicimus te, adoramus te, glorificamus te, gratias agimus tibi propter magnam gloriam tuam, Domine Deus, Rex cælestis, Deus Pater omnipotens. Domine Fili unigenite, Iesu Christe, Domine Deus, Agnus Dei, Filius Patris, qui tollis peccata mundi, miserere nobis ; qui tollis peccata mundi, suscipe deprecationem nostram.
Qui sedes ad dexteram Patris, miserere nobis.
Quoniam tu solus Sanctus, tu solus Dominus, tu solus Altissimus,
Iesu Christe, cum Sancto Spiritu : in gloria Dei Patris. Amen.

Prière d'ouverture

Voir à la date du jour.

LITURGIE DE LA PAROLE

Voir à la date du jour.

Profession de foi

Symbole de Nicée-Constantinople

Je crois en un seul Dieu, le Père tout-puissant,
créateur du ciel et de la terre, de l'univers visible et invisible.
Je crois en un seul Seigneur, Jésus Christ, le Fils unique de Dieu,
né du Père avant tous les siècles : il est Dieu, né de Dieu,
lumière née de la lumière, vrai Dieu, né du vrai Dieu,
engendré, non pas créé, consubstantiel au Père, et par lui tout a été fait.
Pour nous les hommes, et pour notre salut, il descendit du ciel ;
par l'Esprit Saint, il a pris chair de la Vierge Marie, et s'est fait homme.
Crucifié pour nous sous Ponce Pilate,
il souffrit sa passion et fut mis au tombeau.
Il ressuscita le troisième jour, conformément aux Écritures,
et il monta au ciel ; il est assis à la droite du Père.
Il reviendra dans la gloire, pour juger les vivants et les morts ;
et son règne n'aura pas de fin.
Je crois en l'Esprit Saint, qui est Seigneur et qui donne la vie ;
il procède du Père et du Fils ; avec le Père et le Fils,
il reçoit même adoration et même gloire ; il a parlé par les prophètes.
Je crois en l'Église, une, sainte, catholique et apostolique.
Je reconnais un seul baptême pour le pardon des péchés.
J'attends la résurrection des morts, et la vie du monde à venir. Amen.

Credo in unum Deum, Patrem omnipotentem,
Factorem cæli et terræ, visibilium omnium et invisibilium.
Et in unum Dominum Iesum Christum, Filium Dei unigenitum,
et ex Patre natum ante omnia sæcula.
Deum de Deo, lumen de lumine, Deum verum de Deo vero, genitum,
non factum, consubstantialem Patri : per quem omnia facta sunt.
Qui propter nos homines et propter nostram salutem descendit de cælis.
Et incarnatus est de Spiritu Sancto ex Maria Virgine, et homo factus est.
Crucifixus etiam pro nobis sub Pontio Pilato ;
passus et sepultus est, et resurrexit tertia die, secundum Scripturas,
et ascendit in cælum, sedet ad dexteram Patris.
Et iterum venturus est cum gloria, iudicare vivos et mortuos,
cuius regni non erit finis.
Et in Spiritum Sanctum, Dominum et vivificantem :
qui ex Patre Filioque procedit.
Qui cum Patre et Filio simul adoratur et conglorificatur :
qui locutus est per prophetas.
Et unam, sanctam, catholicam et apostolicam Ecclesiam.
Confiteor unum baptisma in remissionem peccatorum.
Et exspecto resurrectionem mortuorum, et vitam venturi sæculi.
Amen.

Symbole des Apôtres

Je crois en Dieu, le Père tout-puissant, créateur du ciel et de la terre.
Et en Jésus Christ, son Fils unique, notre Seigneur,
qui a été conçu du Saint-Esprit, est né de la Vierge Marie,
a souffert sous Ponce Pilate, a été crucifié, est mort et a été enseveli,
est descendu aux enfers, le troisième jour est ressuscité des morts,
est monté aux cieux, est assis à la droite de Dieu le Père tout-puissant,
d'où il viendra juger les vivants et les morts.
Je crois en l'Esprit Saint, à la sainte Église catholique,
à la communion des saints, à la rémission des péchés,
à la résurrection de la chair, à la vie éternelle. Amen.

Prière universelle

LITURGIE EUCHARISTIQUE

Préparation des dons

Tu es béni, Seigneur, Dieu de l'univers : nous avons reçu de ta bonté le pain
que nous te présentons, fruit de la terre et du travail des hommes ;
il deviendra pour nous le pain de la vie. ***— Béni soit Dieu, maintenant et toujours !***

Comme cette eau se mêle au vin pour le sacrement de l'Alliance,
puissions-nous être unis à la divinité de celui qui a voulu prendre notre humanité.

Tu es béni, Seigneur, Dieu de l'univers : nous avons reçu de ta bonté le vin
que nous te présentons, fruit de la vigne et du travail des hommes ;
il deviendra pour nous le vin du Royaume éternel.
— Béni soit Dieu, maintenant et toujours !

Le cœur humble et contrit, nous te supplions, Seigneur, accueille-nous :
que notre sacrifice, en ce jour, trouve grâce devant toi, Seigneur notre Dieu.
Lave-moi de mes fautes, Seigneur, et purifie-moi de mon péché.

Prière sur les offrandes

Priez, frères et sœurs : que mon sacrifice, qui est aussi le vôtre, soit agréable à Dieu le Père tout-puissant.

— Que le Seigneur reçoive de vos mains ce sacrifice à la louange et à la gloire de son nom, pour notre bien et celui de toute l'Église.

Ou bien:

Prions ensemble, au moment d'offrir le sacrifice de toute l'Église.

— Pour la gloire de Dieu et le salut du monde.

Prière eucharistique

Le Seigneur soit avec vous. ***— Et avec votre esprit.***
Élevons notre cœur. ***— Nous le tournons vers le Seigneur.***
Rendons grâce au Seigneur notre Dieu. ***— Cela est juste et bon.***

Préfaces

1re préface de Pâques

Le mystère pascal

Vraiment, il est juste et bon, pour ta gloire et notre salut, de te louer, Seigneur, en tout temps, mais plus encore de te glorifier • en cette nuit *(la nuit de Pâques)* • aujourd'hui *(le jour de Pâques et pendant l'octave)* • en ces jours *(après l'octave)* où le Christ, notre Pâque, a été immolé. Car il est l'Agneau véritable qui a enlevé les péchés du monde : en mourant, il a détruit notre mort ; en ressuscitant, il nous a rendu la vie. C'est pourquoi la joie pascale rayonne par tout l'univers, la terre entière exulte, les puissances d'en haut et les anges dans le ciel chantent sans fin l'hymne de ta gloire : ***Saint ! Saint ! Saint…***

2e préface de Pâques

La vie nouvelle dans le Christ

Vraiment, il est juste et bon, pour ta gloire et notre salut, de te louer, Seigneur, en tout temps, mais plus encore de te glorifier en ces jours où le Christ, notre Pâque, a été immolé. Grâce à lui se lèvent des enfants de lumière pour une vie éternelle, et les portes du royaume des Cieux s'ouvrent pour accueillir les croyants. Car sa mort nous affranchit de la mort et, dans sa résurrection, chacun de nous est déjà ressuscité. C'est pourquoi la joie pascale rayonne par tout l'univers, la terre entière exulte, les puissances d'en haut et les anges dans le ciel chantent sans fin l'hymne de ta gloire : ***Saint ! Saint ! Saint…***

3e préface de Pâques

Le Christ est vivant et intercède toujours pour nous

Vraiment, il est juste et bon, pour ta gloire et notre salut, de te louer, Seigneur, en tout temps, mais plus encore de te glorifier en ces jours où le Christ, notre Pâque, a été immolé. Il ne cesse pas de s'offrir pour nous, et demeure éternellement notre défenseur auprès de toi ; immolé, il a vaincu la mort ; mis à mort, il est vivant pour toujours. C'est pourquoi la joie pascale rayonne par tout l'univers, la terre entière exulte, les puissances d'en haut et les anges dans le ciel chantent sans fin l'hymne de ta gloire : ***Saint ! Saint ! Saint…***

4e préface de Pâques

La restauration de l'univers par le mystère pascal

Vraiment, il est juste et bon, pour ta gloire et notre salut, de te louer, Seigneur, en tout temps, mais plus encore de te glorifier en ces jours où le Christ, notre Pâque, a été immolé. Le monde ancien est détruit, la création déchue est renouvelée, et, dans le Christ, nous est rendue la vie en plénitude. C'est pourquoi la joie pascale rayonne par tout l'univers, la terre entière exulte, les puissances d'en haut et les anges dans le ciel chantent sans fin l'hymne de ta gloire :

Saint ! Saint ! Saint…

5e préface de Pâques

Le Christ, prêtre et victime

Vraiment, il est juste et bon, pour ta gloire et notre salut, de te louer, Seigneur, en tout temps, mais plus encore de te glorifier en ces jours où le Christ, notre Pâque, a été immolé. Par l'offrande de son corps, il mène à leur achèvement, dans la vérité de la croix, les sacrifices de l'ancienne Alliance, et quand il te remet son esprit pour notre salut, il est à lui seul le prêtre, l'autel et l'agneau du sacrifice. C'est pourquoi la joie pascale rayonne par tout l'univers, la terre entière exulte, les puissances d'en haut et les anges dans le ciel chantent sans fin l'hymne de ta gloire :

Saint ! Saint ! Saint…

1re préface de l'Ascension

Le mystère de l'Ascension

Vraiment, il est juste et bon, pour ta gloire et notre salut, de t'offrir notre action de grâce, toujours et en tout lieu, Seigneur, Père très saint, Dieu éternel et tout-puissant. Car le Seigneur Jésus, le Roi de gloire, vainqueur du péché et de la mort, s'élève aujourd'hui au plus haut des cieux devant les anges émerveillés, lui, le Médiateur entre Dieu et les hommes, Juge du monde et Seigneur de l'univers. Sans quitter notre condition humaine, le premier, il entre au ciel, tête de l'Église et commencement de tout ce qui existe, et il donne aux membres de son Corps l'espérance de le rejoindre un jour. C'est pourquoi la joie pascale rayonne par tout l'univers, la terre entière exulte, les puissances d'en haut et les anges dans le ciel chantent sans fin l'hymne de ta gloire :

Saint ! Saint ! Saint...

2e préface de l'Ascension

Le mystère de l'Ascension

Vraiment, il est juste et bon, pour ta gloire et notre salut, de t'offrir notre action de grâce, toujours et en tout lieu, Seigneur, Père très saint, Dieu éternel et tout-puissant, par le Christ, notre Seigneur. Car il s'est manifesté après sa résurrection, en apparaissant à tous ses disciples, et, devant leurs yeux, il s'éleva au ciel pour nous rendre participants de sa divinité. C'est pourquoi la joie pascale rayonne par tout l'univers, la terre entière exulte, les puissances d'en haut et les anges dans le ciel chantent sans fin l'hymne de ta gloire :

Saint ! Saint ! Saint...

Vierge Marie, Mère de l'Église

Marie, image et Mère de l'Église

Vraiment, il est juste et bon, pour ta gloire et notre salut, de t'offrir notre action de grâce, toujours et en tout lieu, Seigneur, Père très saint, Dieu éternel et tout-puissant. Quand nous célébrons la Vierge Marie, c'est à toi que s'adressent nos louanges. En accueillant ton Verbe dans un cœur immaculé, elle a mérité de le concevoir dans son sein virginal. En donnant le jour à son Créateur, elle veillait déjà sur les débuts de l'Église.

En recevant au pied de la croix le testament du Dieu d'amour, elle accueillait comme ses fils tous les hommes, que la mort du Christ a fait naître à la vie divine. Quand les Apôtres attendaient l'Esprit que tu avais promis, elle a joint sa supplication à celle des disciples, devenant ainsi le modèle de l'Église en prière. Élevée dans la gloire du ciel, elle accompagne et protège de son amour maternel l'Église en marche vers la patrie jusqu'au jour où le Seigneur viendra dans sa gloire. C'est pourquoi, avec les saints et tous les anges, nous te louons et sans fin nous proclamons : ***Saint ! Saint ! Saint...***

2e préface de la Vierge Marie

L'Église loue Dieu avec les paroles de Marie

Vraiment, Père très saint, il est juste et bon, pour ta gloire et notre salut, de te proclamer admirable dans le triomphe de tous les saints, et, plus encore, de dire la grandeur de ta bonté pour fêter la bienheureuse Vierge Marie, en reprenant son cantique d'action de grâce. Oui, tu as fait des merveilles pour la terre entière et tu as étendu ta miséricorde à tous les âges, en choisissant ton humble servante pour donner au monde le Sauveur, ton Fils, le Seigneur Jésus Christ. Par lui, les anges adorent ta majesté et se réjouissent en ta présence à jamais. À leur hymne de louange, laisse-nous joindre nos voix pour chanter et proclamer :

Saint ! Saint ! Saint...

Préface de saint Joseph

(La mission de saint Joseph)

Vraiment, il est juste et bon, pour ta gloire et notre salut, de t'offrir notre action de grâce, toujours et en tout lieu, Seigneur, Père très saint, Dieu éternel et tout-puissant. En fêtant saint Joseph, c'est à toi que nous devons rendre hommage, toi que nous exaltons et que nous bénissons. Car il fut l'homme juste que tu donnas comme époux à la Vierge Marie, la Mère de Dieu; il fut le serviteur fidèle et prudent à qui tu confias la sainte Famille; il veilla comme un père sur ton Fils unique conçu par la puissance du Saint-Esprit, Jésus Christ, notre Seigneur. Par lui, les anges célèbrent ta grandeur, et les esprits bienheureux adorent ta gloire; par lui s'inclinent devant toi les puissances d'en haut, et tressaillent d'une même allégresse les innombrables créatures des cieux. À leur hymne de louange, laisse-nous joindre nos voix pour chanter et proclamer :

Saint ! Saint ! Saint...

1re préface des Apôtres

Les Apôtres, pasteurs du peuple de Dieu

Vraiment, il est juste et bon, pour ta gloire et notre salut, de t'offrir notre action de grâce, toujours et en tout lieu, Seigneur, Père très saint, Dieu éternel et tout-puissant. Tu n'abandonnes pas ton troupeau, Pasteur éternel, mais tu le gardes par les bienheureux Apôtres sous ta constante protection, pour qu'il soit dirigé par ceux-là mêmes que tu as établis à sa tête comme pasteurs au nom de ton Fils. C'est pourquoi, avec les anges et les archanges, avec les puissances d'en haut et tous les esprits bienheureux, nous chantons l'hymne de ta gloire et sans fin nous proclamons :

Saint ! Saint ! Saint...

1re préface commune

Récapitulation de toutes choses dans le Christ

Vraiment, il est juste et bon, pour ta gloire et notre salut, de t'offrir notre action de grâce, toujours et en tout lieu, Seigneur, Père très saint, Dieu éternel et tout-puissant, par le Christ, notre Seigneur. En lui tu as voulu récapituler toutes choses, et tu nous as fait partager la vie qu'il possède en plénitude. Lui qui est de condition divine, il s'est anéanti pour donner au monde la paix par le sang de sa croix ; élevé au-dessus de toute créature, il est devenu pour tous ceux qui lui obéissent la cause du salut éternel. C'est pourquoi, avec les anges et les archanges, avec les puissances d'en haut et tous les esprits bienheureux, nous chantons l'hymne de ta gloire et sans fin nous proclamons :

Saint ! Saint ! Saint,
le Seigneur,
Dieu de l'univers !
Le ciel et la terre
sont remplis de ta gloire.
Hosanna au plus haut des cieux.
Béni soit celui qui vient
au nom du Seigneur.
Hosanna au plus haut des cieux.

Sanctus, Sanctus, Sanctus
Dominus Deus Sabaoth.
Pleni sunt cœli et terra gloria tua.
Hosanna in excelsis.
Benedictus qui venit in nomine
Domini. Hosanna in excelsis.

• *Prière eucharistique* **1**
« Toi, Père très aimant... » .... *p. 229*
• *Prière eucharistique* **2**
« Toi qui es vraiment saint... » .... *p. 233*
• *Prière eucharistique* **3**
« Tu es vraiment saint... » .... *p. 236*
• *Prière eucharistique* **4**
« Père très saint... » .... *p. 240*

Prière eucharistique nº 1

(Préfaces : p. 222)

Toi, Père très aimant, nous te prions et te supplions par Jésus Christ, ton Fils, notre Seigneur, d'accepter et de bénir ✠ ces dons, ces offrandes, sacrifice pur et saint, que nous te présentons avant tout pour ta sainte Église catholique : accorde-lui la paix et protège-la, daigne la rassembler dans l'unité et la gouverner par toute la terre ; nous les présentons en union avec ton serviteur notre pape N., notre évêque N., et tous ceux qui gardent fidèlement la foi catholique reçue des Apôtres.

Souviens-toi, Seigneur, de tes serviteurs et de tes servantes (de N. et de N.), et de tous ceux qui sont ici réunis, dont tu connais la foi et l'attachement. Nous t'offrons pour eux, ou ils t'offrent pour eux-mêmes et tous les leurs ce sacrifice de louange, pour leur propre rédemption, pour la paix, et le salut qu'ils espèrent ; ils te rendent cet hommage, à toi, Dieu éternel, vivant et vrai.

(1) **En semaine :**

• Unis dans une même communion, vénérant d'abord la mémoire de la bienheureuse Marie toujours vierge, Mère de notre Dieu et Seigneur, Jésus Christ, •••

(2) **Le dimanche :**

• Unis dans une même communion, nous célébrons le jour où le Christ est ressuscité d'entre les morts ; et vénérant d'abord la mémoire de la bienheureuse Marie toujours vierge, Mère de notre Dieu et Seigneur, Jésus Christ, •••

(3) **À l'Ascension :**

• Unis dans une même communion, nous célébrons le jour très saint où notre Seigneur, ton Fils unique, ayant pris notre nature avec sa faiblesse, la fit entrer dans ta gloire, à ta droite ; et vénérant d'abord la mémoire de la bienheureuse Marie toujours Vierge, Mère de notre Dieu et Seigneur, Jésus Christ, •••

(4) **À la Pentecôte :**

• Unis dans une même communion, nous célébrons le jour très saint de la Pentecôte, où l'Esprit Saint s'est manifesté aux Apôtres par d'innombrables langues de feu ; et vénérant d'abord la mémoire de la bienheureuse Marie toujours Vierge, Mère de notre Dieu et Seigneur, Jésus Christ, •••

••• et celle de saint Joseph, son époux, des bienheureux Apôtres et martyrs Pierre et Paul, André, [Jacques et Jean, Thomas, Jacques et Philippe, Barthélemy et Matthieu, Simon et Jude, Lin, Clet, Clément, Sixte, Corneille et Cyprien, Laurent, Chrysogone, Jean et Paul, Côme et Damien,] et de tous les saints, nous t'en supplions : accorde-nous, par leur prière et leurs mérites, d'être toujours et partout, forts de ton secours et de ta protection. [Par le Christ, notre Seigneur. Amen.]

Voici donc l'offrande que nous présentons devant toi, nous, tes serviteurs, et ta famille entière : Seigneur, dans ta bienveillance, accepte-la. Assure toi-même la paix de notre vie, arrache-nous à la damnation éternelle et veuille nous admettre au nombre de tes élus. [Par le Christ, notre Seigneur. Amen.]

Seigneur Dieu, nous t'en prions, daigne bénir et accueillir cette offrande, accepte-la pleinement, rends-la parfaite et digne de toi : qu'elle devienne pour nous le corps et le sang de ton Fils bien-aimé, Jésus, le Christ, notre Seigneur.

La veille de sa passion, il prit le pain dans ses mains très saintes et, les yeux levés au ciel, vers toi, Dieu, son Père tout-puissant, en te rendant grâce il dit la bénédiction, il rompit le pain, et le donna à ses disciples, en disant : « **Prenez, et mangez-en tous** : ceci est mon corps livré pour vous. »

De même, après le repas, il prit cette coupe incomparable dans ses mains très saintes ; et, te rendant grâce à nouveau, il dit la bénédiction, et donna la coupe à ses disciples, en disant : « **Prenez, et buvez-en tous**, car ceci est la coupe de mon sang, le sang de l'Alliance nouvelle et éternelle, qui sera versé pour vous et pour la multitude en rémission des péchés. Vous ferez cela en mémoire de moi. »

(1) Il est grand, le mystère de la foi :
— Nous annonçons ta mort, Seigneur Jésus, nous proclamons ta résurrection, nous attendons ta venue dans la gloire.

(2) Acclamons le mystère de la foi :
— Quand nous mangeons ce pain et buvons à cette coupe, nous annonçons ta mort, Seigneur ressuscité, et nous attendons que tu viennes.

(3) Qu'il soit loué, le mystère de la foi :
— Sauveur du monde, sauve-nous ! Par ta croix et ta résurrection, tu nous as libérés.

ou : Proclamons le mystère de la foi :
— Gloire à toi qui étais mort, gloire à toi qui es vivant, notre Sauveur et notre Dieu : viens, Seigneur Jésus !

Mysterium fidei.
(1) *– Mortem tuam annuntiamus, Domine, et tuam resurrectionem confitemur, donec venias.*
(2) *– Quotiescumque manducamus panem hunc et calicem bibimus, mortem tuam annuntiamus, Domine, donec venias.*
(3) *– Salvator mundi, salva nos, qui per crucem et resurrectionem tuam liberasti nos.*

Voilà pourquoi nous, tes serviteurs, et ton peuple saint avec nous, faisant mémoire de la passion bienheureuse de ton Fils, Jésus, le Christ, notre Seigneur, de sa résurrection du séjour des morts et de sa glorieuse ascension dans le ciel, nous te présentons, Dieu de gloire et de majesté, cette offrande prélevée sur les biens que tu nous donnes, le sacrifice pur et saint, le sacrifice parfait, pain de la vie éternelle et coupe du salut. Et comme il t'a plu d'accueillir les présents de ton serviteur Abel le Juste, le sacrifice d'Abraham, notre père dans la foi, et celui que t'offrit Melkisédek, ton grand prêtre, oblation sainte et immaculée, regarde ces offrandes avec amour et, dans ta bienveillance, accepte-les. Nous t'en supplions, Dieu tout-puissant : qu'elles soient portées par les mains de ton saint Ange en présence de ta gloire, sur ton autel céleste, afin qu'en recevant ici, par notre communion à l'autel, le corps et le sang très saints de ton Fils, nous soyons comblés de la grâce et de toute bénédiction du ciel. [Par le Christ, notre Seigneur. Amen.]

Souviens-toi aussi, Seigneur, de tes serviteurs et de tes servantes (de N. et N.) qui nous ont précédés, marqués du signe de la foi, et qui dorment dans la paix. Pour eux et pour tous ceux qui reposent dans le Christ, nous implorons ta bonté, Seigneur : qu'ils demeurent dans la joie, la lumière et la paix. [Par le Christ, notre Seigneur. Amen.]

Et nous pécheurs, tes serviteurs, qui mettons notre espérance en ta miséricorde inépuisable, admets-nous dans la communauté des saints Apôtres et martyrs, avec Jean Baptiste, Étienne, Matthias et Barnabé, [Ignace, Alexandre, Marcellin et Pierre, Félicité et Perpétue, Agathe, Lucie, Agnès, Cécile, Anastasie,] et tous les saints ; nous t'en prions, accueille-nous dans leur compagnie, sans nous juger sur le mérite mais en accordant largement ton pardon. Par le Christ, notre Seigneur. Par lui, tu ne cesses de créer tous ces biens, tu les sanctifies, leur donnes la vie, les bénis, et nous en fais le don.

Par lui, avec lui et en lui, à toi, Dieu le Père tout-puissant, dans l'unité du Saint-Esprit, tout honneur et toute gloire, pour les siècles des siècles.
— Amen.

Vient ensuite le rite de la communion, p. 243.

Prière eucharistique n° 2

(On peut aussi choisir une autre préface.)

Vraiment, Père très saint, il est juste et bon, pour ta gloire et notre salut, de t'offrir notre action de grâce, toujours et en tout lieu, par ton Fils bien-aimé, Jésus, le Christ : il est ta parole par qui tu as créé toutes choses ; c'est lui que tu nous as envoyé comme Rédempteur et Sauveur, Dieu fait homme, conçu de l'Esprit Saint, né de la Vierge Marie. Pour accomplir jusqu'au bout ta volonté et rassembler un peuple saint qui t'appartienne, il étendit les mains à l'heure de sa passion, afin de briser la mort, et de manifester la résurrection. C'est pourquoi, avec les anges et tous les saints, nous chantons ta gloire, et d'une seule voix nous proclamons :

Saint ! Saint ! Saint,
le Seigneur,
Dieu de l'univers ! Le ciel et la terre sont remplis de ta gloire. Hosanna au plus haut des cieux. Béni soit celui qui vient au nom du Seigneur.
Hosanna au plus haut des cieux.

(Voir p. 228 pour la version latine.)

(1) **En semaine :**

• Toi qui es vraiment saint, toi qui es la source de toute sainteté, Seigneur, nous te prions : •••

(2) **Le dimanche :**

• Toi qui es vraiment saint, toi qui es la source de toute sainteté, Dieu notre Père, nous voici rassemblés devant toi, et, dans la communion de toute l'Église, nous célébrons le jour où le Christ est ressuscité d'entre les morts. Par lui que tu as élevé à ta droite, nous te prions : •••

(3) **À l'Ascension :**

• Toi qui es vraiment saint, toi qui es la source de toute sainteté, Dieu notre Père, nous voici rassemblés devant toi, et, dans la communion de toute l'Église, nous célébrons le jour très saint où notre Seigneur, ton Fils unique, ayant pris notre nature avec sa faiblesse, la fit entrer dans la gloire, près de toi. Par lui, qui siège désormais à ta droite, nous te prions : •••

(4) **À la Pentecôte :**

• Toi qui es vraiment saint, toi qui es la source de toute sainteté, Dieu notre Père, nous voici rassemblés devant toi, et, dans la communion de toute l'Église, nous célébrons le jour très saint de la Pentecôte, où l'Esprit Saint s'est manifesté aux Apôtres par d'innombrables langues de feu ; et nous te prions, Seigneur : •••

••• Sanctifie ces offrandes en répandant sur elles ton Esprit ; qu'elles deviennent pour nous le corps et ✠ le sang de Jésus, le Christ, notre Seigneur.

Au moment d'être livré et d'entrer librement dans sa passion, il prit le pain, il rendit grâce, il le rompit et le donna à ses disciples, en disant : « **Prenez, et mangez-en tous** : ceci est mon corps livré pour vous. » De même, après le repas, il prit la coupe ; de nouveau il rendit grâce, et la donna à ses disciples, en disant : « **Prenez, et buvez-en tous,** car ceci est la coupe de mon sang, le sang de l'Alliance nouvelle et éternelle, qui sera versé pour vous et pour la multitude en rémission des péchés. Vous ferez cela en mémoire de moi. »

Prière eucharistique n° 2

(1) Il est grand, le mystère de la foi :
— Nous annonçons ta mort, Seigneur Jésus, nous proclamons ta résurrection, nous attendons ta venue dans la gloire.

(2) Acclamons le mystère de la foi :
— Quand nous mangeons ce pain et buvons à cette coupe, nous annonçons ta mort, Seigneur ressuscité, et nous attendons que tu viennes.

(3) Qu'il soit loué, le mystère de la foi :
— Sauveur du monde, sauve-nous ! Par ta croix et ta résurrection, tu nous as libérés.
ou Proclamons le mystère de la foi :
— Gloire à toi qui étais mort, gloire à toi qui es vivant, notre Sauveur et notre Dieu : viens, Seigneur Jésus !
(Voir p. 231 pour la version latine.)

En faisant ainsi mémoire de la mort et de la résurrection de ton Fils, nous t'offrons, Seigneur, le pain de la vie et la coupe du salut, et nous te rendons grâce, car tu nous as estimés dignes de nous tenir devant toi pour te servir. Humblement, nous te demandons qu'en ayant part au corps et au sang du Christ, nous soyons rassemblés par l'Esprit Saint en un seul corps.

Souviens-toi, Seigneur, de ton Église répandue à travers le monde : fais-la grandir dans ta charité en union avec notre pape N., notre évêque N., et tous les évêques, les prêtres et les diacres.

Souviens-toi aussi de nos frères et sœurs qui se sont endormis dans l'espérance de la résurrection, et souviens-toi, dans ta miséricorde, de tous les défunts : accueille-les dans la lumière de ton visage.

Sur nous tous enfin, nous implorons ta bonté : permets qu'avec la Vierge Marie, la bienheureuse Mère de Dieu, avec saint Joseph, son époux, les Apôtres et tous les saints qui ont fait ta joie au long des âges, nous ayons part à la vie éternelle et que nous chantions ta louange et ta gloire, par ton Fils Jésus, le Christ.

Par lui, avec lui et en lui, à toi, Dieu le Père tout-puissant, dans l'unité du Saint-Esprit, tout honneur et toute gloire, pour les siècles des siècles.

— *Amen.*

Vient ensuite le rite de la communion, p. 243.

Prière eucharistique n° 3

(Préfaces : p. 222)

Tu es vraiment saint, Dieu de l'univers, et il est juste que toute la création proclame ta louange, car c'est toi qui donnes la vie, c'est toi qui sanctifies toutes choses, par ton Fils, Jésus Christ, notre Seigneur, avec la puissance de l'Esprit Saint ; et tu ne cesses de rassembler ton peuple, afin que, du levant au couchant du soleil, une offrande pure soit présentée à ton nom.

(1) **En semaine :**

• C'est pourquoi nous te supplions, Seigneur, de consacrer toi-même les offrandes que nous apportons : •••

(2) **Le dimanche :**

• C'est pourquoi nous voici rassemblés devant toi, Dieu notre Père, et, dans la communion de toute l'Église, nous célébrons le jour où le Christ est ressuscité d'entre les morts. Par lui, que tu as élevé à ta droite, nous te supplions de consacrer toi-même les offrandes que nous apportons : •••

(3) **À l'Ascension :**

• C'est pourquoi nous voici rassemblés devant toi, Dieu notre Père, et, dans la communion de toute l'Église, nous célébrons le jour très saint où notre Seigneur, ton Fils unique, ayant pris notre nature avec sa faiblesse, la fit entrer dans la gloire, près de toi. Par lui, qui siège désormais à ta droite, nous te supplions de consacrer toi-même les offrandes que nous apportons : •••

(4) **À la Pentecôte :**

• C'est pourquoi nous voici rassemblés devant toi, Dieu notre Père, et, dans la communion de toute l'Église, nous célébrons le jour très saint de la Pentecôte, où l'Esprit Saint s'est manifesté aux Apôtres par d'innombrables langues de feu ; nous te supplions de consacrer toi-même les offrandes que nous apportons : •••

••• Sanctifie-les par ton Esprit pour qu'elles deviennent le corps ✠ et le sang de ton Fils, Jésus Christ, notre Seigneur, qui nous a dit de célébrer ce mystère.

La nuit même où il fut livré, il prit le pain, en te rendant grâce il dit la bénédiction, il rompit le pain, et le donna à ses disciples, en disant : « **Prenez, et mangez-en tous** : ceci est mon corps livré pour vous. » De même, après le repas, il prit la coupe ; en te rendant grâce il dit la bénédiction, et donna la coupe à ses disciples, en disant :

« **Prenez, et buvez-en tous**, car ceci est la coupe de mon sang, le sang de l'Alliance nouvelle et éternelle, qui sera versé pour vous et pour la multitude en rémission des péchés. Vous ferez cela en mémoire de moi. »

(1) Il est grand, le mystère de la foi :

— Nous annonçons ta mort,
Seigneur Jésus,
nous proclamons ta résurrection,
nous attendons ta venue dans la gloire.

(2) Acclamons le mystère de la foi :

— Quand nous mangeons ce pain
et buvons à cette coupe,
nous annonçons ta mort,
Seigneur ressuscité,

et nous attendons que tu viennes.
(3) Qu'il soit loué, le mystère de la foi :
— Sauveur du monde, sauve-nous ! Par ta croix et ta résurrection, tu nous as libérés.
ou:
Proclamons le mystère de la foi :
— Gloire à toi qui étais mort, gloire à toi qui es vivant, notre Sauveur et notre Dieu : viens, Seigneur Jésus !
(Voir p. 231 pour la version latine.)

En faisant ainsi mémoire de ton Fils, de sa passion qui nous sauve, de sa glorieuse résurrection et de son ascension dans le ciel, alors que nous attendons son dernier avènement, nous t'offrons, Seigneur, en action de grâce, ce sacrifice vivant et saint. Regarde, nous t'en prions, l'oblation de ton Église, et daigne y reconnaître ton Fils qui, selon ta volonté, s'est offert en sacrifice pour nous réconcilier avec toi. Quand nous serons nourris de son corps et de son sang, et remplis de l'Esprit Saint, accorde-nous d'être un seul corps et un seul esprit dans le Christ.

Que l'Esprit Saint fasse de nous une éternelle offrande à ta gloire, pour que nous obtenions un jour l'héritage promis, avec tes élus : en premier lieu la bienheureuse Vierge Marie, Mère de Dieu, avec saint Joseph, son époux, les bienheureux Apôtres, les glorieux martyrs, (saint **N.**) et tous les saints, qui ne cessent d'intercéder auprès de toi et nous assurent de ton secours.

Et maintenant nous te supplions, Seigneur : par le sacrifice qui nous réconcilie avec toi, étends au monde entier le salut et la paix. Affermis ton Église, en pèlerinage sur la terre, dans la foi et la charité, en union avec ton serviteur notre pape **N.,** et notre évêque **N.,** l'ensemble des évêques, les prêtres, les diacres, et tout le peuple que tu as racheté. Écoute, en ta bonté, les prières de ta famille, que tu as voulu rassembler devant toi. Dans ta miséricorde, ramène à toi, Père très aimant, tous tes enfants dispersés.

Pour nos frères et sœurs défunts, et pour tous ceux qui ont quitté ce monde et trouvent grâce devant toi, nous te prions : en ta bienveillance, accueille-les dans ton Royaume, où nous espérons être comblés de ta gloire, tous ensemble et pour l'éternité, par le Christ, notre Seigneur, par qui tu donnes au monde toute grâce et tout bien.

Par lui, avec lui et en lui, à toi, Dieu le Père tout-puissant, dans l'unité du Saint-Esprit, tout honneur et toute gloire, pour les siècles des siècles.

— Amen.

Vient ensuite le rite de la communion, p. 243.

Prière eucharistique nº 4

Vraiment, il est bon de te rendre grâce, il est juste et bon de te glorifier, Père très saint, car tu es le seul Dieu, le Dieu vivant et vrai : toi qui es avant tous les siècles, tu demeures éternellement, lumière au-delà de toute lumière. Toi, le Dieu de bonté, la source de la vie, tu as fait le monde pour que toute créature soit comblée de tes bénédictions, et que beaucoup se réjouissent de l'éclat de ta lumière. Ainsi, la foule innombrable des anges qui te servent jour et nuit se tiennent devant toi, et, contemplant la splendeur de ta face, n'interrompent jamais leur louange. Unis à leur hymne d'allégresse, avec la création tout entière qui t'acclame par nos voix, Dieu, nous te chantons (louons) :

Saint ! Saint ! Saint, le Seigneur,
Dieu de l'univers !
Le ciel et la terre

sont remplis de ta gloire.
Hosanna au plus haut des cieux.
Béni soit celui qui vient
au nom du Seigneur.
Hosanna au plus haut des cieux.
(Voir p. 228 pour la version latine.)

Père très saint, nous proclamons que tu es grand et que tu as fait toutes choses avec sagesse et par amour : tu as créé l'homme à ton image et tu lui as confié l'univers, afin qu'en te servant, toi seul, son Créateur, il règne sur la création. Comme il avait perdu ton amitié par sa désobéissance, tu ne l'as pas abandonné au pouvoir de la mort. Dans ta miséricorde, tu es venu en aide à tous les hommes pour qu'ils te cherchent et puissent te trouver. Tu as multiplié les alliances avec eux, et tu les as formés, par les prophètes, dans l'espérance du salut. Tu as tellement aimé le monde, Père très saint, que tu nous as envoyé ton Fils unique, lorsque les temps furent accomplis, pour qu'il soit notre Sauveur. Dieu fait homme, conçu de l'Esprit Saint, né de la Vierge Marie, il a vécu notre condition humaine en toute chose, excepté le péché, annonçant aux pauvres la bonne nouvelle du salut ; aux captifs, la délivrance ; aux affligés, la joie. Pour accomplir le dessein de ton amour, il s'est livré lui-même à la mort, et, par sa résurrection, il a détruit la mort et renouvelé la vie. Afin que désormais notre vie ne soit plus à nous-mêmes, mais à lui qui est mort et ressuscité pour nous, il a envoyé d'auprès de toi, Père, comme premier don fait aux croyants, l'Esprit Saint qui continue son œuvre dans le monde et achève toute sanctification.

Que ce même Esprit Saint, nous t'en prions, Seigneur, sanctifie ces offrandes : qu'elles deviennent ainsi le corps ✠ et le sang de notre Seigneur

Prière eucharistique n° 4

Jésus, le Christ, dans la célébration de ce grand mystère, que lui-même nous a laissé en signe de l'Alliance éternelle.

Quand l'heure fut venue où tu allais le glorifier, Père très saint, comme il avait aimé les siens qui étaient dans le monde, il les aima jusqu'au bout : pendant le repas qu'il partageait avec eux, il prit le pain, dit la bénédiction, le rompit et le donna à ses disciples, en disant : **« Prenez, et mangez-en tous : ceci est mon corps livré pour vous. »** De même, il prit la coupe remplie de vin, il rendit grâce, et la donna à ses disciples, en disant : **« Prenez, et buvez-en tous, car ceci est la coupe de mon sang, le sang de l'Alliance nouvelle et éternelle, qui sera versé pour vous et pour la multitude en rémission des péchés. Vous ferez cela en mémoire de moi. »**

(1) Il est grand, le mystère de la foi :
— Nous annonçons ta mort,
Seigneur Jésus,
nous proclamons ta résurrection,
nous attendons ta venue dans la gloire.

(2) Acclamons le mystère de la foi :
— Quand nous mangeons ce pain
et buvons à cette coupe,
nous annonçons ta mort,
Seigneur ressuscité,
et nous attendons que tu viennes.

(3) Qu'il soit loué, le mystère de la foi :
— Sauveur du monde, sauve-nous !
Par ta croix et ta résurrection,
tu nous as libérés.

ou : Proclamons le mystère de la foi :
— Gloire à toi qui étais mort,
gloire à toi qui es vivant,
notre Sauveur et notre Dieu :
viens, Seigneur Jésus !

(Voir p. 231 pour la version latine.)

Voilà pourquoi, Seigneur, nous célébrons aujourd'hui le mémorial de notre rédemption : en rappelant la mort du Christ et sa descente au séjour des morts, en proclamant sa résurrection et son ascension à ta droite, en attendant sa venue dans la gloire, nous t'offrons son corps et son sang, le sacrifice qui est digne de toi et qui sauve le monde entier. Regarde, Seigneur, celui qui s'offre dans le sacrifice que toi-même as préparé pour ton Église, et, dans ta bonté, accorde à tous ceux qui vont partager ce pain et boire à cette coupe d'être rassemblés par l'Esprit Saint en un seul corps, pour qu'ils deviennent eux-mêmes dans le Christ une vivante offrande à la louange de ta gloire.

Et maintenant, Seigneur, rappelle-toi tous ceux pour qui nous offrons le sacrifice : en premier lieu, ton serviteur notre pape N., notre évêque N., et l'ensemble des évêques, les prêtres et les diacres, les fidèles qui présentent cette offrande, les membres de notre assemblée, le peuple entier qui t'appartient, et tous ceux qui te cherchent avec droiture.

Souviens-toi aussi de ceux qui sont morts dans la paix du Christ, et de tous les défunts dont toi seul connais la foi.

À nous qui sommes tes enfants, accorde, Père très bon, l'héritage de la vie éternelle auprès de la Vierge Marie, la bienheureuse Mère de Dieu, auprès de saint Joseph, son époux, des Apôtres et de tous les saints, dans ton Royaume. Nous pourrons alors, avec la création tout entière, enfin libérée de la corruption du péché et de la mort, te glorifier par le Christ, notre Seigneur, par qui tu donnes au monde toute grâce et tout bien.

Par lui, avec lui et en lui, à toi, Dieu le Père tout-puissant, dans l'unité du Saint-Esprit, tout honneur et toute gloire, pour les siècles des siècles.
— *Amen.*

Vient ensuite le rite de la communion, p. 243.

RITE DE LA COMMUNION

Notre Père

(1) Comme nous l'avons appris du Sauveur, et selon son commandement, nous osons dire :
(2) Unis dans le même Esprit, nous pouvons dire avec confiance la prière que nous avons reçue du Sauveur :

Notre Père qui es aux cieux, que ton nom soit sanctifié,
que ton règne vienne, que ta volonté soit faite sur la terre comme au ciel.
Donne-nous aujourd'hui notre pain de ce jour. Pardonne-nous nos offenses,
comme nous pardonnons aussi à ceux qui nous ont offensés.
Et ne nous laisse pas entrer en tentation, mais délivre-nous du Mal.

(3) *Præceptis salutaribus moniti, et divina institutione formati, audemus dicere : Pater noster, qui es in cælis : sanctificetur nomen tuum ; adveniat regnum tuum ; fiat voluntas tua, sicut in cælo, et in terra. Panem nostrum cotidianum da nobis hodie ; et dimitte nobis debita nostra, sicut et nos dimittimus debitoribus nostris ; et ne nos inducas in tentationem ; sed libera nos a malo.*

Délivre-nous de tout mal, Seigneur, et donne la paix à notre temps : soutenus par ta miséricorde, nous serons libérés de tout péché, à l'abri de toute épreuve, nous qui attendons que se réalise cette bienheureuse espérance : l'avènement de Jésus Christ, notre Sauveur.
— Car c'est à toi qu'appartiennent le règne,
la puissance et la gloire pour les siècles des siècles !

Échange de la paix

Seigneur Jésus Christ, tu as dit à tes Apôtres : « Je vous laisse la paix, je vous donne ma paix » ; ne regarde pas nos péchés mais la foi de ton Église ; pour que ta volonté s'accomplisse, donne-lui toujours cette paix, et conduis-la vers l'unité parfaite, toi qui vis et règnes pour les siècles des siècles. **—*Amen.***
Que la paix du Seigneur soit toujours avec vous. **—*Et avec votre esprit.***
Dans la charité du Christ, donnez-vous la paix.

Fraction du pain

Que le corps et le sang de notre Seigneur Jésus Christ,
réunis dans cette coupe, nourrissent en nous la vie éternelle.

Agneau de Dieu

Agneau de Dieu, qui enlèves les péchés du monde, prends pitié de nous. *(bis)*
Agneau de Dieu, qui enlèves les péchés du monde, donne-nous la paix.

Agnus Dei, qui tollis peccata mundi, miserere nobis. (bis)
Agnus Dei, qui tollis peccata mundi, dona nobis pacem.

Communion

(1) Seigneur Jésus Christ, Fils du Dieu vivant, selon la volonté du Père et avec la puissance du Saint-Esprit, tu as donné, par ta mort, la vie au monde ; que ton corps et ton sang très saints me délivrent de mes péchés et de tout mal ; fais que je demeure fidèle à tes commandements et que jamais je ne sois séparé de toi.

(2) Seigneur Jésus Christ, que cette communion à ton corps et à ton sang n'entraîne pour moi ni jugement ni condamnation ; mais que, par ta bonté, elle soutienne mon esprit et mon corps et me donne la guérison.

Voici l'Agneau de Dieu, voici celui qui enlève les péchés du monde.
Heureux les invités au repas des noces de l'Agneau !
— Seigneur, je ne suis pas digne de te recevoir ;
mais dis seulement une parole, et je serai guéri.

Chant de communion *ou antienne de la communion.*

Prière après la communion *voir à la date du jour.*

RITE DE CONCLUSION

Le Seigneur soit avec vous.
— Et avec votre esprit.
Que Dieu tout-puissant vous bénisse, le Père, et le Fils, + et le Saint-Esprit.
— Amen.

Puis le diacre, ou le prêtre lui-même, les mains jointes, tourné vers l'assemblée, dit :

(1) Allez, dans la paix du Christ.
(2) Allez porter l'Évangile du Seigneur.
(3) Allez en paix, glorifiez le Seigneur par votre vie.
(4) Allez en paix.
— Nous rendons grâce à Dieu.

Chants pour la célébration

Les chants en rouge sont consultables à la page indiquée. **Les chants en noir** sont référencés avec leur cote SECLI.

	Ouverture	Renvoi	Communion / Action de grâce	Renvoi
7 mai	Acclamez votre Dieu	A67-19	Devenez ce que vous recevez	p. 252
	Dieu nous accueille en sa maison	p. 250	Pour accomplir les œuvres du Père	K234-2
	Jour du Vivant	IP34-92-8	Souviens-toi de Jésus Christ	IX45-a
14 mai	Souffle imprévisible	p. 247	Mon Seigneur Jésus, je veux aimer	p. 253
	Peuple choisi	p. 249	Prenez et mangez	D52-67
	Dis-nous les signes de l'Esprit	E216	Que soit parfaite notre unité	D341-1
18 mai	Chant pour la fête de l'Ascension	J35	Venez, approchons-nous	L'Emmanuel
	Au plus haut du Ciel	p. 250	Voici le pain que donne Dieu	D50-07-2
	Christ est vraiment ressuscité	I169	Christ est entré dans la gloire	p. 254
21 mai	Seigneur, tu nous appelles	p. 248	Voici le corps et le sang du Seigneur	D44-80
	À ce monde que tu fais	RT146-1	Tui amoris ignem	p. 254
	Laisserons-nous à notre table	D577	Vienne ton règne sur la terre	DEV349
28 mai	Au cœur de ce monde	p. 251	Pain donné pour notre vie	p. 255
	Esprit de Pentecôte, Souffle de Dieu	K138	Flamme jaillie d'auprès de Dieu	KP18-06-4
	Appelés pour bâtir le Royaume	TK51-32	Laissez-vous mener par l'Esprit	K524

Suggestions pour mai 2023 proposées par Thibault Van Den Driessche, avec ChantonsenÉglise

Souffle imprévisible (Ouverture / Envoi)

K28-44 ; T. : C. Bernard ; M. : J. Akepsimas ; Studio SM.

① **Souffle imprévisible, Esprit de Dieu, vent qui fait revivre, Esprit de Dieu,**
Souffle de tempête, Esprit de Dieu, ouvre nos fenêtres, Esprit de Dieu !

Refrain : **Esprit de vérité, brise du Seigneur,**
Esprit de liberté, passe dans nos cœurs ! (bis)

② **Flamme sur le monde, Esprit de Dieu, feu qui chasse l'ombre, Esprit de Dieu,**
flamme de lumière, Esprit de Dieu, viens dans nos ténèbres, Esprit de Dieu !

③ **Fleuve des eaux vives, Esprit de Dieu, chant de l'autre rive, Esprit de Dieu,**
fleuve au long voyage, Esprit de Dieu, porte-nous au large, Esprit de Dieu !

④ **Voix qui nous rassemble, Esprit de Dieu, cri d'une espérance, Esprit de Dieu,**
voix qui nous réveille, Esprit de Dieu, clame la nouvelle, Esprit de Dieu !

⑤ **Source de sagesse, Esprit de Dieu, puits de la tendresse, Esprit de Dieu,**
source pour ton peuple, Esprit de Dieu, coule en nos demeures, Esprit de Dieu !

⑥ **Paix de la colombe, Esprit de Dieu, ciel dans nos rencontres, Esprit de Dieu,**
paix qui nous libère, Esprit de Dieu, change notre terre, Esprit de Dieu !

⑦ **Joie donnée aux hommes, Esprit de Dieu, fête du Royaume, Esprit de Dieu,**
joie de l'Évangile, Esprit de Dieu, fais de nous des signes, Esprit de Dieu !

⑧ **Vent de Pentecôte, Esprit de Dieu, force des Apôtres, Esprit de Dieu,**
vent que rien n'arrête, Esprit de Dieu, parle en tes prophètes, Esprit de Dieu !

Seigneur, tu nous appelles (Ouverture)

T. et M. : Sr. Agathe ; ADF Musique.

② **Tu révèles, aux petits,**
tes mystères cachés.
Jean Baptiste t'a annoncé,
Marie t'a accueilli.

③ **À l'homme sourd,**
tu réponds par une œuvre de vie.
***Effata,* oui, ouvre-toi !**
Le Seigneur te guérit.

④ Mon péché blesse ton cœur,
je demande pardon.
Guéris-moi, touche mon cœur,
car je t'aime, ô Seigneur.

⑤ L'Esprit Saint parle aujourd'hui
et agit dans l'Église.
Les sacrements nous fortifient
sur le chemin de vie.

Peuple choisi *(Ouverture)*

K64; T. : D. Rimaud; M. : J. Crüger; Studio SM.

Refrain : **Dieu fait de nous en Jésus Christ des hommes libres ;**
tout vient de lui, tout est pour lui, qu'il nous délivre.

① Peuple de Dieu reçois de lui ta renaissance :
comme un pasteur, il te conduit où tout est grâce.

② Peuple habité par son Esprit, heureuse Église,
la voix du Père t'a choisi : maintiens son signe.

③ Peuple choisi pour annoncer une espérance,
montre ton Christ : il t'a chargé de sa présence.

④ Peuple choisi pour témoigner de l'Évangile,
laisse sa vie te ranimer aux sources vives.

⑤ Peuple choisi pour devenir un peuple immense,
monte au calvaire où doit mourir ta suffisance.

Dieu nous accueille en sa maison (Ouverture)

A174; T. : J.-P. Lécot; M. : J.-P. Lécot, G.-P. Palestrina (XVIe siècle); Zech.

Refrain : **Dieu nous accueille en sa maison, Dieu nous invite à son festin :
jour d'allégresse et jour de joie ! Alléluia !**

① **Criez de joie pour notre Dieu,
chantez pour lui, car il est bon, car éternel est son amour.**

② **Avec Jésus, nous étions morts ;
avec Jésus, nous revivrons, nous avons part à sa clarté.**

③ **« Si tu savais le don de Dieu »,
si tu croyais en son amour, tu n'aurais plus de peur en toi.**

Au plus haut du ciel

Y221-1; Messe « Que tes œuvres sont belles »; T. : D. Rimaud; M. : J. Berthier; Studio SM.

Refrain : **Au plus haut du ciel, la gloire de Dieu !
Sur toute la terre, aux hommes la paix !**

① **Jusqu'aux cieux, ta splendeur est chantée
Par la bouche des tout-petits !**

② **Qui donc est l'homme pour que tu penses à lui ?
Qui donc est l'homme pour que tu l'aimes ?**

③ **Tu l'établis sur les œuvres de tes mains
Et tu as mis toute chose à ses pieds.**

Au cœur de ce monde *(Ouverture)*

A238-1 ; T. : D. Rimaud/©CNPL ; M. : J. Berthier ; Studio SM.

Refrain : **Au cœur de ce monde, le souffle de l'Esprit**
fait retentir le cri de la Bonne Nouvelle !
Au cœur de ce monde, le souffle de l'Esprit
met à l'œuvre aujourd'hui des énergies nouvelles !

① **Voyez ! Les pauvres sont heureux : ils sont premiers dans le Royaume !**
Voyez ! Les artisans de paix : ils démolissent leurs frontières !
Voyez ! Les hommes au cœur pur : ils trouvent Dieu en toute chose !

② **Voyez ! Les affamés de Dieu : ils font régner toute justice !**
Voyez ! Les amoureux de Dieu : ils sont amis de tous les hommes !
Voyez ! Ceux qui ont foi en Dieu : ils font que dansent les montagnes !

③ **Voyez ! Le peuple est dans la joie : l'amour l'emporte sur la haine !**
Voyez ! Les faibles sont choisis : les orgueilleux n'ont plus de trône !
Voyez ! Les doux qui sont vainqueurs : ils ont la force des colombes !

Devenez ce que vous recevez (Communion)

D68-39 ; T. : J.-L. Fradon ; M. : B. Ben ; Éd. de l'Emmanuel.

Refrain : **Devenez ce que vous recevez,**
devenez le corps du Christ.
Devenez ce que vous recevez,
vous êtes le corps du Christ.

① **Baptisés en un seul Esprit,**
nous ne formons tous qu'un seul corps,
abreuvés de l'unique Esprit,
nous n'avons qu'un seul Dieu et Père.

② **Rassasiés par le pain de vie,**
nous n'avons qu'un cœur et qu'une âme ;
fortifiés par l'amour du Christ,
nous pouvons aimer comme il aime.

③ **Purifiés par le sang du Christ**
et réconciliés avec Dieu,
sanctifiés par la vie du Christ,
nous goûtons la joie du Royaume.

④ **Rassemblés à la même table,**
nous formons un peuple nouveau :
bienheureux sont les invités
au festin des noces éternelles.

⑤ **Appelés par Dieu notre Père**
à devenir saints comme lui,
nous avons revêtu le Christ,
nous portons la robe nuptiale.

⑥ **Envoyés par l'Esprit de Dieu**
et comblés de dons spirituels,
nous marchons dans l'amour du Christ,
annonçant la Bonne Nouvelle.

Mon Seigneur Jésus, je veux aimer *(Action de grâce)*

T. : Saint Charles de Foucauld; M. : M. Wackenheim; ADF Musique.

Christ est entré dans la gloire (Action de grâce)

PM46-19 ; T. : Union Sainte-Cécile ; M. : Psautier anglais ; Caecilia.

**① Christ est entré dans la gloire, tout-puissant, Roi et Seigneur.
Christ est monté vers son Père, de tout mal, il est vainqueur.
Grâce à lui, dans son Royaume, notre place est préparée.
Christ est entré dans la gloire, tout-puissant, Roi et Seigneur.**

**② Roi des Cieux, souverain Maître, honneur et louange à toi.
Présent pour nous près du Père, tu restes au milieu de nous.
Vers le but, tu nous entraînes, toi, pour tous le sûr chemin.
Roi des Cieux, souverain Maître, honneur et louange à toi.**

**③ Gloire au Christ, le Roi du monde, à lui nos voix et nos cœurs.
Dans la joie et l'espérance, tous vers lui levons les yeux.
Il nous montre son visage, il nous attend près de Dieu.
Gloire au Christ, le Roi du monde, à lui nos voix et nos cœurs.**

Tui amoris ignem (Action de grâce)

T. : Ateliers et presses de Taizé ; M. : J. Berthier ; Taizé.

**Veni Sancte Spiritus, tui amoris ignem accende
Veni Sancte Spiritus, veni Sancte Spiritus.**

Pain donné pour notre vie *(Communion)*

D19-75 ; T. : C. Bernard ; M. : J.-M. Aubry ; ADF Studio SM.

Refrain : **Pain donné pour notre vie, corps et sang de Jésus Christ,**
pain de Dieu pour les pécheurs, fais grandir l'amour dans nos cœurs.

① **Dans le désert tu as nourri l'affamé,**
à nos appels, Seigneur, tu veux répondre.
Tu es vraiment le grand Prophète annoncé,
celui qui vient pour le salut du monde.

② **Voici la manne pour ton peuple en chemin,**
le pain du ciel reçu des mains du Père.
Qui vient vers toi ne connaîtra plus la faim,
celui qui croit verra des eaux nouvelles.

③ **Nous le croyons, tu es le pain de la vie.**
Louange à toi, Seigneur qui nous relèves !
Nous marcherons au long des jours et des nuits ;
nul ne mourra, ce pain nous fait renaître.

④ **Toi la Sagesse, tu prépares un banquet,**
nous accueillons le vin de ta parole.
Voici la table où tes amis sont comblés,
voici la chair, le sang du Fils de l'homme.

SOMMAIRE

ÉDITORIAL

Plaît-il ?

« En mai, fais ce qu'il te plaît », dit le dicton. Et si jamais vous manquez d'idées, inspirez-vous du témoignage de Ségolène, sage-femme volontaire au Cameroun. Avec beaucoup de pudeur, elle évoque l'histoire d'une amitié qui lui fait découvrir, finalement, un autre visage du Christ, mort et ressuscité. Ségolène, ce qui lui plaît, c'est le service. Et si ce qui vous plaît c'est de chercher Dieu, allez lire l'histoire d'Abdias dans le livre des Rois. Ce « second rôle de la Bible », irréprochable dans ses responsabilités, sert la volonté de Dieu en écoutant la petite voix de sa conscience. Il témoigne de la présence discrète de Dieu auprès de ceux qui le cherchent avec persévérance. Il vous plaît de prier ? Alors, parcourez les prières de la liturgie de ce mois-ci à l'aide de la chronique d'Emmanuelle Billoteau. Et rappelez-vous : la prière est le fruit de l'Esprit, elle réveille en nous le don de Dieu. Vous plaît-il de découvrir les dons de Dieu ? Alors, confiez-vous à Marie. Empruntez les chemins de sa prière et, avec elle, contemplez le Christ. Comme le font quotidiennement les soixante mille membres des Équipes du Rosaire. Et vous aussi, sans doute, dans le secret de votre cœur. ■

Karem Bustica
Rédactrice en chef de Prions en Église

« La prière est le fruit de l'Esprit, elle réveille en nous le don de Dieu. »

Jacques Nieuviarts, prêtre assomptionniste

Raphaël, mon frère

Les anges sont-ils vraiment si loin de nous ? Volent-ils aussi haut que nous tendons à le croire ? Le récit du voyage de Tobie, guidé par Raphaël qui ne dit pas d'emblée son nom, nous révèle leur proximité avec nous.

Le chemin des anges mène si vite de l'un à l'autre Testament ! Certaines pages du premier nous conduisent sur des chemins inattendus et très éclairants, nous qui sommes prompts à croire que les anges volent haut ! Il faut en effet parler de Raphaël et, pour cela, nous plonger dans l'étonnant petit livre biblique de Tobie, écrit comme une véritable légende d'édification. Tobie (en hébreu : « Yahvé est bon ») est envoyé par son père Tobit, qui habite Ninive, à Raguès, en Médie, pour recouvrer une importante somme d'argent laissée jadis en dépôt chez Gabaël. Tobie accomplit le voyage, guidé, mais il ne le sait pas, par l'ange Raphaël. Arrivé à Ecbatane chez Ragouël, Tobie s'éprend de sa fille Sarra, qu'il épouse, histoire merveilleusement racontée ! Raphaël, durant ce temps, récupère chez Gabaël le dépôt de Tobit, et ils entreprennent avec Sarra le voyage de retour. Raphaël ne dira son nom qu'à la fin (Tb 12, 11-20). Le plus étonnant est probablement pour nous, dans le chapitre 5, la rencontre entre Tobie et Raphaël (Tb 5, 4-14). Elle nous en dit long sur ce que sont les anges, nous qui les croyons souvent si haut dans le ciel et si aériens : « Tobie sortit chercher un homme qui connaisse la route, pour l'accompagner jusqu'en Médie. À peine sorti, il trouva l'ange Raphaël debout devant lui, mais il ne savait pas que c'était un ange de Dieu. […] "Connais-tu la route pour aller en Médie ? – Oui, répond Raphaël, j'ai été souvent là-bas et je connais tous les chemins par cœur" » (Tb 5, 4-6). C'est donc avec l'ange Raphaël que Tobie négocie le voyage, jusqu'à lui dire : « Attends-moi, mon ami, le temps que j'aille avertir mon père. J'ai besoin que tu viennes avec moi, et je te donnerai un salaire. – Soit, je reste là, lui répond Raphaël. Seulement, ne tarde pas » (Tb 5, 7-8). Tobit, le père, voudra savoir de quelle famille ou tribu il est. « Que t'importe ma tribu ? », dit Raphaël, qui ajoute : « Je suis Azarias, fils d'Ananias le Grand, l'un de tes frères. » La réponse du père est merveilleuse : « Ne te froisse pas, frère, si j'ai voulu connaître la vérité sur ta famille. Il se trouve que tu es mon frère, et que tu es de bonne famille » (Tb 5, 12-14). Tout est dit, peut-être, sur les anges et leur étrange ou… extrême proximité avec nous. Nous les croyons si loin. Ils sont souvent si proches et à visage humain – « mon frère », dit Tobit (Tb 5, 14). ■

« Que t'importe ma tribu ? dit Raphaël. Je suis Azarias, fils d'Ananias le Grand, l'un de tes frères. »

LES SECONDS RÔLES DANS LA BIBLE

Anne Lécu, dominicaine

Abdias, résistant de Dieu

Abdias, fidèle au Seigneur, travaille pour le roi idolâtre Achab. Alors, qui sert-il ? Son roi, traître aux yeux de Dieu, ou le Seigneur, Dieu d'Israël ? Et comment faire le bien ? Le soutien du Dieu vivant guidera sa conscience.

Abdias, (Obadyahu, littéralement), dont le nom signifie « Serviteur du Seigneur » est maître du palais d'Achab. L'histoire est racontée dans le premier livre des Rois. Achab est roi du Royaume du Nord, Israël, qui s'est séparé du Royaume de Juda. Mais Achab a épousé Jézabel, une Phénicienne dont le nom signifie « Baal exalte, Baal est son époux », qui veut absolument imposer le culte de Baal à la place de celui du Dieu des Hébreux. Elle a fait massacrer des prophètes d'Israël. Du fait de l'idolâtrie d'Achab et Jézabel, le Seigneur, par la voix de son prophète Élie, a imposé une sécheresse sévère durant trois ans et demi. Aussi, Achab recherche impérativement Élie pour faire cesser cette sécheresse. Le prophète s'était caché, mais voilà que la parole du Seigneur lui enjoint de se présenter à Achab, et c'est Abdias (qui fait une courte apparition de quelques versets) qui fera l'intermédiaire.

On apprend que ce maître du palais d'Achab est resté fidèle au Seigneur et qu'il a fait ce qu'il a pu pour cacher des prophètes et leur épargner les massacres de Jézabel.

© Gaëtan Évrard

Sa position n'est pas simple. Il fait de la résistance en douce, et si Jézabel l'apprend, il risque sa vie. Aussi, quand Élie lui demande de le conduire à Achab, il est paniqué. Abdias n'a aucune envie de se présenter devant Achab en lui disant qu'il a trouvé Élie qui avait, semble-t-il, la réputation de disparaître subitement. Pourtant, dans la discussion entre ces deux serviteurs de Dieu, Abdias abdique et décide de faire confiance à la parole d'Élie. « Par la vie du Seigneur de ...

Première Alliance

« N'a-t-on pas rapporté à mon seigneur Élie ce que j'ai fait lorsque Jézabel tuait les prophètes du Seigneur : comment j'ai caché cent des prophètes du Seigneur, cinquante par cinquante, dans des grottes, et comment je les ai approvisionnés en pain et en eau ? » 1 Rois 18, 13

... l'univers devant qui je me tiens ! Aujourd'hui même, je me présenterai devant Achab ! » (cf. 1 R 18, 15). Alors Abdias va prévenir Achab.

Toute la vie d'Abdias (et la nôtre) porte une question incluse dans son nom, « Serviteur du Seigneur » : qui servir ? Son roi, traître aux yeux de Dieu, mais sans doute pas si mauvais bougre quand on le secoue un peu (comme le fera Élie plus tard) ou le Seigneur, Dieu d'Israël ? Il existe ainsi dans la Bible comme dans nos vies des personnages discrets, qui font le bien en douce, et parfois même au risque de leur vie, qui peuvent subitement douter de ce qu'il faut faire ou ne pas faire. Mais leur histoire, comme la nôtre, est soutenue par le Dieu vivant. Cela ne rend rien plus facile. Cependant, quand la petite voix de la conscience leur fait poser un geste de confiance, cela signe la présence discrète de Dieu auprès de ceux qui le cherchent avec persévérance. Cette petite voix ne cesse de nous demander : qui est ton Seigneur ? Qui sers-tu ? ■

Nouvelle Alliance

« Le disciple n'est pas au-dessus de son maître, ni le serviteur au-dessus de son seigneur. Il suffit que le disciple soit comme son maître, et le serviteur, comme son seigneur. »

Matthieu 10, 24-25a

Emmanuelle Billoteau, ermite

Dans l'attente de l'Esprit

La semaine qui précède la Pentecôte est propice à une plus grande attention au mystère trinitaire et à ce que signifie le don de l'Esprit dans nos vies. Elle nous invite à épouser l'attente de Marie et des disciples au cénacle, comme nous le rappellent les antiennes d'ouverture des lundi et samedi.

« Vous allez recevoir une force quand le Saint-Esprit viendra sur vous » (Ac 1, 8). Les disciples, « d'un même cœur, étaient assidus à la prière, avec des femmes, avec Marie la mère de Jésus, et avec ses frères » (Ac 1, 14). C'est dans le cénacle de notre cœur que nous sommes invités à demeurer en cette 7e semaine de Pâques, que nous fassions cette démarche seuls ou en assemblée. Si la prière est le fruit de l'Esprit, c'est elle qui réveille en nous le don de Dieu : « À la Pentecôte l'Esprit était sensible, visible comme des langues de feu. Toutefois, cet Esprit ne s'est jamais refroidi ni éteint. Et son feu caché se révèle aux cœurs qui savent le ranimer par la prière, le faire flamber par l'amour et l'humilité » (*La communion d'amour,* Matta el-Maskîne,…

... Éd. Bellefontaine). En ce temps préparatoire à la Pentecôte, la liturgie nous donne des mots et des prières spécifiques qu'il nous appartient de faire nôtres, d'intérioriser, de goûter, de laisser entrer en résonance avec notre quotidien. Un chemin qui peut raviver notre désir et libérer notre propre parole. Les thématiques évoquées dans les différentes pièces liturgiques sont diverses. Elles se fondent sur le Nouveau Testament et nous initient à une prière nourrie par la Parole.

Ainsi les oraisons prennent en compte la Pâque et l'Ascension du Christ et, donc, son absence et son nouveau mode de présence : « Sois favorable à nos supplications, Seigneur : nous croyons que le Sauveur du genre humain est auprès de toi dans la gloire ; puissions-nous éprouver qu'il demeure avec nous jusqu'à la fin du monde comme lui-même l'a promis » (collecte du 7e dimanche de Pâques). En référence à la promesse du Christ (cf. Mt 28, 20), nous demandons au Père de faire l'expérience de sa « douce présence », comme le chante une hymne latine *(Saint Nom de Jésus)*. La prière assume pleinement l'absence et ce qu'elle représente en termes de manque, voire de frustration, quant aux sens qui nous donnent habituellement de percevoir autrui dans nos relations humaines, mais elle demande aussi d'« éprouver » une présence. Le Christ n'est pas une entité, une idée, mais une personne qui s'appréhende dans une foi qui est confiance, capacité à se laisser rejoindre. Une foi qui va de pair avec l'espérance comme le signifie la prière après la communion de ce même dimanche : « Confirme-nous dans cette assurance que s'accomplira pour le corps entier de l'Église, ce qui s'est déjà réalisé pour celui qui en est la tête : le Christ. » Ce qui dépasse notre propre personne.

Les thématiques de l'union à Dieu et de l'ajustement à sa volonté reviennent plusieurs fois. « Dans ta bonté, donne à ton Église rassemblée par l'Esprit Saint de s'attacher à toi de tout cœur » (collecte du mercredi). « Que vienne sur nous la force de l'Esprit Saint, pour que nous puissions garder fidèlement ta volonté et la traduire en actes par une vie fervente » (collecte du lundi). Ou encore : « Que ton Esprit, dans sa puissance, répande en nous les dons spirituels; qu'il change notre cœur en un cœur qui te plaise parfaitement accordé à ta volonté » (collecte du jeudi). Sachant que le dessein de Dieu est un dessein de salut. Il s'agit donc de vivre pleinement l'inhabitation de l'Esprit Saint qui fera de nous « le Temple de sa gloire » (collecte du mardi). Ce faisant, nous pourrons « passer de ce qui est ancien à la vie nouvelle » (prière après la communion du lundi) ou « quitter ce qui ne peut que vieillir » (prière après la communion du samedi).

En ce temps préparatoire à la Pentecôte, la liturgie nous donne des mots et des prières spécifiques qu'il nous appartient de faire nôtres.

À chacun de poursuivre et de garder ce qui lui parlera : dimension de purification, lien établi entre sacrement et action de l'Esprit, etc. Certes nous avons déjà reçu l'Esprit lors de notre baptême, mais nous sommes appelés à vivre de l'Esprit en plénitude en le laissant remplir notre être tout entier. ■

LE SYNODE VU DE L'ÉTRANGER

Des témoins du synode sur la synodalité – qui poursuit son chemin dans sa phase continentale – nous racontent ce qui se vit dans leur pays.

Pour un renouveau pastoral

© P.-E. Charon

Jean-Paul Musangania est prêtre, enseignant et recteur de la Communauté internationale assomptionniste de formation (Cifa) de Kinshasa (République démocratique du Congo). Il évoque les efforts des diocèses pour impliquer tous les fidèles dans la démarche synodale.

« Après réception du document de travail sur la synodalité, tous les bureaux diocésains de la République démocratique du Congo (RDC) ont traduit les questions d'orientation dans les langues nationales (lingala, kikongo, swahili et tshiluba). Chaque question a été adaptée au contexte local pour que tous s'expriment. L'archidiocèse de Kinshasa, par exemple, a distribué une fiche de synthèse des réponses dans les communautés ecclésiales de base des paroisses, dans des commissions et des mouvements d'action catholique. La sensibilisation s'est aussi faite via des émissions spéciales d'animation "en marche vers le synode" sur des radios et télévisions diocésaines.

La mobilisation a été rapide dans les paroisses où tous les fidèles, même analphabètes, se sont sentis concernés et considérés dans toutes les étapes de la consultation synodale. Ils ont vite compris que la vision du pape prend en compte les avis de tous alors que, dans le passé, les évêques et les experts parlaient pour tout le monde. La nouveauté a été de voir chaque responsable, surtout des laïcs, orienter les discussions sur les pratiques chrétiennes. Cette implication plus accrue des fidèles à travers un échange franc et décontracté a suscité la participation de tous et a permis de rendre compte des défis réels dans l'Église. Des propositions clés en mains, sur les exigences de l'écoute communautaire de la Parole ou le dialogue avec les autres confessions religieuses, ont été remontées aux équipes nationales de la Conférence épiscopale nationale du Congo (Cenco).

Au regard des diverses synthèses, les fidèles demandent d'instaurer un esprit collaboratif au sein des paroisses pour un renouveau pastoral où laïcs et prêtres œuvrent main dans la main. Pour la plupart des fidèles, le prêtre ne devrait plus être la référence qui s'impose. Même s'il est considéré comme un dernier rempart des populations abandonnées et désabusées, le clerc devrait responsabiliser les laïcs, surtout dans les milieux ruraux. Dans cette perspective, former le laïc sur son identité et sa mission, dans l'Église comme dans la société, est d'une constante actualité. De plus, les commissions paroissiales demandent plus d'ouverture envers ceux qui ne partagent pas la doctrine chrétienne. Comment faire chemin ensemble aux côtés de ceux qui se cherchent et ont besoin de sentir la présence du Christ à travers le témoignage ? Enfin, que les personnes dépossédées de la justice (déplacés des guerres, enfants soldats…) retrouvent leur juste place dans l'humanité, qu'elles se sentent aimées, respectées, accueillies, et que dans leur écoute se transmettent les grâces du Christ d'une Église qui guérit et qui sauve. » ■

Vencelas Deblock, prêtre du diocèse de Cambrai, historien de l'art

Le chœur, lieu d'une rencontre

Le chœur d'une église se distingue facilement. Il est l'espace d'une rencontre entre Dieu et les fidèles.

Si nous sommes pratiquants, nous pouvons entrer dans n'importe quelle église, nous prenons très vite nos repères. Quels que soient le style ou l'époque du bâtiment que nous voulons visiter ou dans lequel nous venons prier, nos yeux cherchent le chœur.

Appelé « sanctuaire » dans le *Missel romain,* il est facilement repérable. Même si cloisons et rideaux ont disparu, son ornementation et sa position surélevée le distinguent des autres espaces du lieu. Le chœur doit être assez vaste pour que l'action liturgique s'y déroule facilement, et aux yeux de toute l'assemblée. Au fil des siècles, l'Église a renoncé à cacher l'action eucharistique pour, bien au contraire, la dévoiler aux yeux des fidèles, voire polariser leur regard.

Outre son élévation, si le chœur est si facilement identifiable par les fidèles, c'est qu'au-delà de son style et de son décor, on y retrouve toujours les trois mêmes éléments : l'autel, l'ambon et la présidence. Central, l'autel oriente les regards de l'assemblée et des ministres. L'ambon, pupitre d'où la Parole est proclamée, est normalement associé à l'autel par un matériau et un décor semblables. Ces deux tables, celle du pain de vie et celle de la Parole, se répondent. Le dernier élément central est le siège de la présidence, manifestant que toute assemblée est réunie par le Christ, lui-même présent dans sa parole et dans toute célébration sacramentelle.

Si le chœur demeure l'espace où les ministres ordonnés président les assemblées, il est toutefois devenu « poreux » : les fidèles non-clercs peuvent y pénétrer pour prendre leur part dans le service liturgique, par la proclamation de la Parole, la procession des offrandes et la distribution de la communion par exemple. Loin de nier le caractère sacré du lieu et la présence divine, cette « porosité » exprime que, dans

Le chœur de l'église du Sacré-Cœur, Chambéry (Savoie).

le Christ, la sacralité est bouleversée. Le Seigneur n'est nullement enfermé dans un sanctuaire, mais vient à la rencontre de son peuple. Franchir le seuil du sanctuaire est la manifestation par le geste de cette rencontre. ■

TÉMOIGNAGE DE LECTEUR

Propos recueillis par **Frédéric Pascal**, journaliste

Silence et lumière sur le chemin de Saint-Jacques

Janine Cano, 77 ans, est partie en pèlerinage avec Noël, son mari, et un groupe de lecteurs de *Prions en Église* sur les chemins de Saint-Jacques-de-Compostelle, à l'automne 2022.

« Toute ma vie, j'ai rêvé de faire le chemin de Saint-Jacques. Je redoutais pourtant, dans les pèlerinages, une forme de spiritualité démonstrative. Mais concilier foi, rencontres et marche deux heures par jour… la formule nous a séduits. Dès Bayonne, notre point de départ, des liens se sont créés entre pèlerins. Le premier soir, le père Sébastien, qui accompagnait notre pèlerinage, nous a réunis et proposé de partager nos "fleurs" – ce qui nous réjouit – et nos "valises" – ce qui est plus lourd à vivre. Chacun a pu exprimer ses joies et ses peines, librement et sincèrement, pour les porter ensemble pendant le pèlerinage. Beaucoup ont confié des malheurs : la perte d'un conjoint, d'un enfant… Ma fleur, c'est l'amour que je porte aux autres et que je reçois en retour : j'ai été gâtée par la vie, notamment par ma famille, heureuse et unie, et n'ai jamais subi de traumatisme grave. Ma valise, ce sont les soucis de santé ainsi

© Sandrine Martin

que la charge de Claudine, ma belle-sœur handicapée. Ce temps de partage m'a permis d'être plus à l'écoute des autres.

Pour autant, en marchant, nous parlions peu. Le père Sébastien avait insisté sur le silence. Nous profitions du calme, du repos, de la nature, des paysages et des haltes dans de petites églises romanes… Marcher en silence dans des endroits inspirants a été propice au recueillement et à la prière. Je me souviens notamment d'un chemin très reposant le long d'un canal, de la magnificence des cathédrales de Burgos, Leon, Lugo et, bien sûr, Saint-Jacques-de-Compostelle ainsi que de la lumière inspirante qui traverse leurs si beaux vitraux. À Saint-Jacques, la messe des pèlerins fut grandiose et émouvante, avec ses grandes orgues et un remarquable ténor. Je suis rentrée heureuse de ce périple et de l'ambiance fraternelle, et je rêve encore de faire le chemin de Saint-Jacques, entre Le Puy et Roncevaux cette fois. » ■

QUESTION DU MOIS

Pourquoi fêter plusieurs fois saint Joseph ?

La lettre apostolique *Patris corde* (8 décembre 2020) récapitule l'histoire de la vénération de saint Joseph. Le pape François y développe le rôle de Joseph dans le dessein de salut de Dieu, et les vertus de celui qui fut « l'époux de Marie et le père adoptif de Jésus ». Depuis les premiers siècles, l'Église a progressivement encouragé cette dévotion. Au XVe siècle, sa fête est inscrite dans le *Missel romain* et le 19 mars devient solennité obligatoire un peu plus tard. Louis XIV en fait un jour chômé, supprimé par la Révolution. Pie IX, en déclarant saint Joseph « patron de l'Église catholique », relance la dévotion. Si la solennité du 19 mars voit en saint Joseph l'époux de Marie, le père adoptif de Jésus, le chef de la Sainte Famille et le Protecteur de l'Église, Joseph est aussi l'artisan charpentier de Nazareth. Après que Léon XIII a magnifié la valeur du travail (*Rerum novarum*, 15 mai 1891), le 1er mai devient fête de « Saint Joseph travailleur », « Patron des travailleurs » (Pie XII, 1955). En liturgie (prière eucharistique ; pendant l'Avent et Noël) comme dans la piété populaire (patronage de saint Joseph ; invocations, litanies), Joseph est largement honoré par l'Église, pour ses vertus personnelles et pour sa mission toute particulière aux côtés de Marie. ■

Michèle Clavier, *théologienne*

SAINT-JACQUES-DE-COMPOSTELLE

Le chemin, pas à pas

© AdobeStock

Quitter pour une semaine son foyer et partir vers le tombeau de l'apôtre Jacques le Majeur, c'est faire l'expérience de lâcher-prise, c'est avoir des moments pour penser à soi et marcher par de très beaux sentiers, de beaux villages. Au travers des découvertes culturelles et de célébrations spirituelles, ce pèlerinage ponctué de rencontres et marches quotidiennes nous permettra d'apprécier la beauté de la vie et la grâce de Dieu. Puissions-nous avancer unis, pas à pas, vers Compostelle, le « champ de l'étoile ». ■

Gica Paulet, *prêtre assomptionniste*

PRATIQUE **Du 4 au 11 septembre 2023.** Une sélection **"Prions en Église", et "Le Pèlerin"**, organisée par Bipel. **Renseignements et inscriptions :** 01 45 55 47 52 ou bipel.paris@bipel.com

Ségolène Grangé, volontaire de la DCC et sage-femme au Cameroun

« Ulrich, mon ami »

« J'étais en volontariat avec la Délégation catholique pour la coopération, au centre hospitalier catholique Claudin-Echernier de Yaoundé, au Cameroun. Un jour, un prêtre m'a présenté Ulrich, un patient que sa communauté voisine soutenait financièrement. Ulrich était hospitalisé pour la troisième fois à la suite d'un accident qui l'avait rendu tétraplégique. Pendant cinq mois, j'allais lui rendre visite tous les jours. Au début, nos rencontres étaient timides, chacun ne sachant que dire à l'autre, nos vies étant très différentes. Peu à peu, une complicité s'est installée et une amitié est née. À chaque visite, nous nous questionnions ensemble, notamment à propos de l'accueil des personnes handicapées dans nos sociétés, de leur intégration, de leur avenir… Le Seigneur était présent à chacune de nos rencontres. Pour moi, c'était un acte de foi que de rendre visite à Ulrich. L'occasion de donner pleinement sens à cette phrase de l'Évangile : "J'étais malade, et vous m'avez visité. […] Chaque fois que vous l'avez fait à l'un de ces plus petits de mes frères, c'est à moi que vous l'avez fait" (Mt 25, 36. 40). Ainsi, je crois que Ulrich et moi avons cheminé, l'un et l'autre, ensemble, à la suite du Christ. » ■

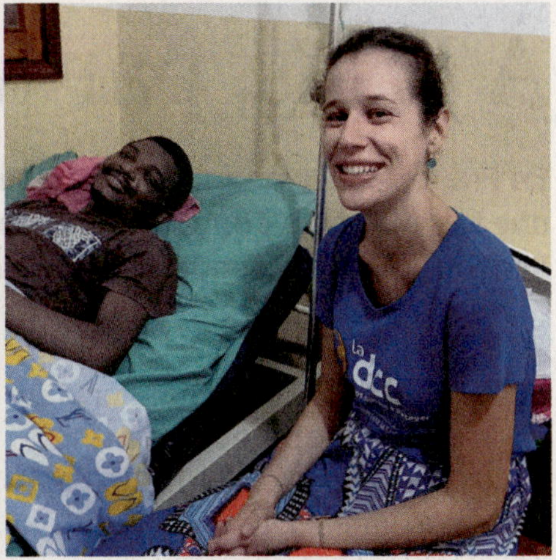

Ci-dessus, Ségolène avec Ulrich.
Depuis, Ulrich est décédé.
Ségolène le confie à vos prières.

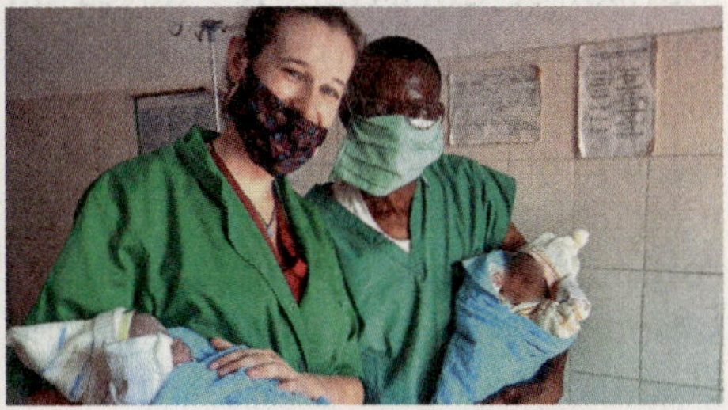

DCC / Ségolène Grangé

Anne-Quitterie Jozeau, journaliste

À Jésus, par Marie

En France, 60 000 membres des Équipes du Rosaire se réunissent une fois par mois pour méditer les mystères de la vie du Christ. Rencontre avec dix équipiers parisiens, perles du Rosaire vivant.

Dans la salle à manger d'un appartement du premier arrondissement de Paris, huit personnes sont assises autour de la table. Une chaise reste vide : « Nous devons toujours être prêts à accueillir quelqu'un », expliquent Marisol et Christian, les hôtes du jour. Il est 10 h 30 ce samedi matin lorsque les équipiers se retrouvent. Ils échangent des nouvelles du petit dernier, des petits-enfants ou d'un ami commun… On sent dans la conversation sourdre l'histoire commune et la fraternité. Un esprit familial règne, et pour cause : Dominique et Sandra sont les sœurs de Christian. « Nous sommes quatre de la même famille à prier ensemble », se réjouit Sandra. Cette fraternité imprègne le reste de l'équipe. Autour de Marisol et Christian, on retrouve aussi Camille, Agnès et Jean-Pierre. Ce jour-là, Caroline et Véronique n'ont pas pu venir. En quinze ans d'existence, la composition de l'équipe a peu évolué, malgré les déménagements et les décès… « Entre huit et dix personnes, c'est le chiffre idéal pour partager », explique Christian. Cet ancien officier de marine porte la responsabilité de cette petite « église domestique ».

Le temps de prière commence vraiment lorsque Marisol s'adresse à la Vierge Marie : « Sois celle qui chez moi reçoit. » Aux Équipes du Rosaire, « nous sommes centrés sur la Vierge Marie pour accéder au Christ », souffle Christian. S'ensuit la méditation de l'Évangile, ce jour-là, l'Épiphanie. Un livret guide leur réflexion : « Les mages suivent un cheminement qui s'apparente à une liturgie. De notre côté, vivons-nous la messe, notre rencontre mensuelle en équipe, comme un cheminement, un déplacement spirituel ? » Après un temps de réflexion personnelle, Camille lance l'échange. Lorsqu'elle parle, son visage exprime tous les sentiments qui la traversent. À ce moment-là, une profonde tristesse. « À la messe, j'ai beaucoup de distractions, de pensées qui partent dans tous les sens », confie-t-elle. Chacun à son tour prend la parole, exprime son ressenti sur le sujet du jour. Camille est la plus volubile, Agnès la plus discrète, Marisol la ...

© DR

21 janvier 2023, Paris (Ier). De gauche à droite : Camille, Marisol, Christian, Jean-Pierre, Dominique, Agnès, Sandra.

… plus pondérée. Christian, l'ancien officier, dicte le tempo, distribue la parole.

S'ensuivent une dizaine de Je vous salue Marie. Les petites expressions glissées au cœur des Je vous salue Marie – les clausules – invitent à se réapproprier le Rosaire : « Vous êtes bénie entre toutes les femmes et Jésus, que Jean baptisa dans le Jourdain et désigna comme l'Agneau de Dieu, est béni… » « Cela nous oblige à méditer le mystère du jour et non à penser au chauffage qu'on doit faire réparer », explique Christian, malicieux.

11 h 30, l'équipe se disperse. L'une file à un rendez-vous, l'autre à la messe, les autres prolongent la conversation. Mais chacun repart avec un mystère à prier chez soi. « Prier chaque jour un mystère en sachant que les autres méditent en même temps nous fait participer à une grande chaîne », s'émerveille Christian. Une grande chaîne qui réunit des centaines de milliers de priants autour du monde. ■

Perles d'un rosaire vivant

Aumônier national du mouvement, François-Dominique Forquin explique que les Équipes du Rosaire permettent à des croyants de se rassembler en « petites églises domestiques ». « En méditant les mystères de la vie du Christ, chaque membre des Équipes du Rosaire devient une perle du chapelet, explique le frère dominicain, formant un véritable "rosaire vivant", selon l'intuition de Pauline Jaricot », béatifiée le 22 mai 2022.

LE JOUR DU SEIGNEUR – FRANCE 2 (11 heures)

7/5 Église Saint-Exupère, Toulouse (31).
Prédicateur : P. Édouard Roblot.

14/5 Église Notre-Dame de l'Assomption, Sainte-Mère-Église (50).
Prédicateur : Fr. Yves Combeau, dominicain.

18/5 En eurovision, en direct depuis la Suisse.
Prédicateur : *information non confirmée.*

21/5 Cathédrale Saint-Sauveur, Cayenne (973).
Prédicateur : Mgr Alain Ransay, évêque de Cayenne.

28/5 Église Saint-Joseph aux Tarterêts, Corbeil-Essonnes (91).
Prédicateur : Fr. Benoît Dubigeon, franciscain.

FRANCE CULTURE (10 heures)

7/5 Cathédrale Sainte-Bénigne, Dijon (21).
Prédicateur : Fr. François-Xavier Ledoux, dominicain.

14/5 Chapelle Notre-Dame de la Médaille miraculeuse, Paris (VIIe).
Prédicateur : P. Frédéric Pellefigue, lazariste.

18/5 Chapelle Notre-Dame de la Médaille miraculeuse, Paris (VIIe).
Prédicateur : P. Emmanuel Tois.

21/5 Chapelle Notre-Dame de la Médaille miraculeuse, Paris (VIIe).
Prédicateur : P. Bertrand Bousquet.

28/5 Chapelle Notre-Dame de la Médaille miraculeuse, Paris (VIIe).
Prédicateur : P. Gilles Drouin.

LIVRES

LA SÉLECTION DE PANORAMA

Évangiles, nouvelle traduction

Frédéric Boyer
Éd. Gallimard, 544 p.

Une nouvelle traduction des Évangiles, c'est un regard différent sur un texte entendu mille fois. Frédéric Boyer, auteur et traducteur, redonne ici aux Évangiles leur force littéraire. Exemple : le verset « son commandement est vie éternelle » (Jn 12, 50) devient « son commandement c'est vivre à jamais ». Une lecture qui bouscule… et émerveille. ■

Marie-Christine Vidal

Le pasteur des champions

Joël Thibault,
Éditions du Cerf.

Joël Thibault, pasteur de l'Église protestante évangélique, est aumônier des Français aux jeux Paralympiques et Olympiques et coach spirituel de sportifs, dont Olivier Giroud. Il partage dans ce livre son parcours de foi et son expérience du sport de haut niveau. Introduisant le lecteur dans les coulisses des grands événements, il lui montre la face obscure comme la face lumineuse du sport de haut niveau avec ses exigences.

Matteo Ricci, dans la Cité interdite

Jean Dufaux et Martin Jamar, Dargaud, 56 p.

Prix international 2023 de la BD chrétienne d'Angoulême. Au carrefour de la bande dessinée d'aventures et historique, cet album nous raconte l'aboutissement de l'œuvre missionnaire en Chine, au début du XVIIe siècle, de Matteo Ricci. Le jésuite italien a amené l'Évangile à l'empereur au cœur de la Cité interdite, à laquelle aucun occidental n'avait encore jamais eu accès. ■

Jean-Baptiste Deau

EXPOSITION

Chartreuses. Dans le silence et la solitude

Chartreuse Notre-Dame de Montrieux (vers 1137), Méounes-lès-Montrieux (Var), Joseph Cacius, 1685.

Un ensemble de 79 peintures monumentales, appelées aussi « cartes de Chartreuse », représentant des monastères de l'ordre des chartreux en Europe du XVIIe au XIXe siècle, est exposé, après restauration, au musée de l'Ancien Évêché de Grenoble. Une exceptionnelle collection qui illustre l'esprit de cet ordre fondé en 1084 par Bruno de Cologne et six compagnons ayant fait vœu de silence et de solitude. Près de mille ans plus tard, l'ordre est toujours au cœur du massif de la Chartreuse (Isère) qui lui a donné son nom. ■ **Hélène Roquejoffre,** *Le Monde de La Bible*

Jusqu'au 3 septembre 2023. – Musée de l'Ancien Évêché – 2, rue Très-Cloîtres 38000 Grenoble. https://musees.isere.fr

NOS ACTUS

Guides « Prions en Église »

Des guides indispensables pour vos futurs pèlerinages.

Pèlerins à Rome, *Pèlerins en Terre sainte* et *Pèlerins à Lourdes* : voici trois guides dans lesquels vous trouverez des prières, des cartes, des éléments historiques, des références bibliques ainsi que toutes les informations pratiques qui vous aideront à vivre des pèlerinages exceptionnels. ■

Amandine Boivin

Disponibles en librairies religieuses et sur librairie-bayard.com au prix de 8,50 € le guide

CD

Ave Maris Stella

Hymnes mariales grégoriennes

Studio SM

Beaucoup de pièces grégoriennes sont dédiées à la Vierge Marie (Ave Maria, Ave Maris Stella, Regina cæli, etc.). Ce double album propose un parcours dans l'année liturgique avec des pièces mariales chantées par des chœurs de communautés monastiques ou religieuses.

Vergine Madre

Kristel Adams

ADF Musique

La superbe voix de Kristel Adams rend un hommage métissé à la Vierge Marie. Des prières sur des airs classiques ou jazz, dans des langues qui vont du tamoul au latin, de l'italien au français. Sa voix est un trait d'union entre tous ceux qui vénèrent Marie aux quatre coins du monde. ■

Dominique Pierre, rédacteur en chef de *Chantons en Église*

NUMÉRIQUE

Prier Marie sur l'appli

Du 1er au 31 mai, durant le mois consacré à la Vierge, *Prions en Église* se fait communion de prière autour du rosaire. Rejoignez-nous en téléchargeant notre appli ! Le premier jour de chacune des quatre semaines commence par une introduction au mystère, le jour suivant est consacré à l'approfondissement du Credo, du Notre Père ou du Je vous Salue Marie. Les 5 autres jours, nous méditerons un mystère complet du rosaire. ■

Sébastien Antoni

Sur App store et Google play

AGENDA

Informations communiquées sous réserve de modifications.

PÈLERINAGE NATIONAL J-100 ! 150 ANS

Grand Nord-Ouest

PONTCHÂTEAU (44)

LUNDI 1ER

Rassemblement

Pour clore son Année de l'appel (2022-2023), le diocèse de Nantes invite à un pèlerinage de prière pour les vocations réunissant les diocèses de Bretagne et Pays-de-la-Loire. Une journée festive, avec marche et catéchèse sur le baptême.

02 40 76 22 00 – pelevocations.fr

LES SABLES-D'OLONNE (44)

DU MARDI 9 AU SAMEDI 13

Retraite spirituelle

En silence, relire sa vie sous le regard de Dieu et rendre possible de nouveaux choix dans une liberté intérieure retrouvée. Avec les fraternités Saint-Camille de Lellis.

camilledelellis.secretariat@gmail.com
beatitudes.org

SAINT-CYR-SUR-LOIRE (37)

DU JEUDI 18 AU DIMANCHE 21

Retraite spirituelle

Trois jours en silence pour se poser, prier, faire l'expérience d'une rencontre avec Dieu qui parle à chacun au cœur de sa vie. Avec le soutien d'un accompagnement individuel.

02 47 88 46 00 – ursule-tours.cef.fr

CAEN (14)

MARDI 23

Conférence

Conférence de Mgr Jacques Habert, évêque de Bayeux, sur Marie. À l'Institut normand des sciences religieuses.

02 31 73 22 15 – insr-normandie.fr

Grand Nord-Est

JOIGNY (89)

SAMEDI 6 ET DIMANCHE 7

Retraite spirituelle

« Vin, vigne, vendange » est un double itinéraire sur le thème de la vigne : spirituel (la vigne dans la Bible) et historique (le travail du vigneron au XVIIIe siècle au temps de Sophie Barat). Balades, dégustation, récolte et prière. Pour les étudiants et jeunes pros.

03 86 92 16 40
centre-sophie-barat@rscj.com
www.centre-sophie-barat.com •••

... MOUVAUX (59)

JEUDI 11

Atelier spirituel

Session du parcours (à la carte) « Reg'Art – Dialogue avec une œuvre », sur le thème « Quand les artistes recréent la nature ». Avec Jean-Paul Deremble, historien d'art et théologien, et Sylvie Wallaert.

03 20 26 09 61

contact@hautmont.org

www.hautmont.org

Grand Sud-Ouest

TOULOUSE (31)

DU VENDREDI 6 AU LUNDI 8

Rassemblement

Sixième édition d'Ecclesia Cantic à destination des 18-35 ans, autour de la musique liturgique. Au programme : ateliers techniques et spirituels, conférences, concert géant et envois en mission.

contact@ecclesia-cantic.fr

ecclesia-cantic.fr

LOURDES (65)

DU VENDREDI 12 AU DIMANCHE 14

Pèlerinage

« Que l'on bâtisse ici une chapelle » : c'est le thème du 63e Pèlerinage militaire international, organisé par le diocèse aux Armées françaises. Messes, processions et prières, mais aussi « challenge blessés-valides », concerts et festival de musiques militaires…

dioceseauxarmees.fr

Grand Sud-Est

MARSEILLE (13)

MERCREDI 10

Session biblique

Journée d'atelier de l'École d'interprétation biblique : « Faut-il être juif pour lire le Nouveau Testament ? » avec Marie-Laure Durand, bibliste. Au centre Le Mistral de l'Institut catholique de la Méditerranée.

04 91 50 35 02

istr@icm13.com

icm.catholique.fr

LÉONCEL (26)

DU MERCREDI 17 AU SAMEDI 20

Atelier d'écriture

À l'Ascension, stage d'écriture et de contemplation sur le thème « Le silence

et la merveille »,
animé par Annick Combier, écrivaine.
annickcombier@gmail.com
abbaye-leoncel-vercors.com

SAINT-ANTOINE-L'ABBAYE (38)

DU JEUDI 18 AU DIMANCHE 21

Session

« Le loup et les oiseaux » : méditation et louange autour de saint François d'Assise, entre musique et images.
Animée par Éric Noyer, chef de chœur, et Nicole Chambon, conférencière sur les images bibliques, tous deux engagés à l'Arche.
04 76 36 45 97
tamtams@laposte.net
www.arche-de-st-antoine.com •••

ZOOM

Une journée diocésaine au Havre

Le 29 mai, lundi de Pentecôte, le diocèse du Havre organise une journée diocésaine. Cet événement, qui se tiendra sur le site du Val-aux-Grès, à Bolbec (Seine-Maritime), s'inscrit dans la dynamique de mise en œuvre synodale du nouveau Directoire diocésain pour la catéchèse. « Nous voulons promouvoir, avec cette journée, une catéchèse tout entière inscrite dans une démarche d'évangélisation », explique Jean-Luc Brunin, évêque du Havre. « La journée débutera par la messe à 10 h 30 où 40 adultes recevront le sacrement de la confirmation. Tous les participants pourront ensuite visiter les stands des services et associations d'Église du diocèse », précise Mónica Pallardel Aparicio, déléguée épiscopale à l'information du diocèse. Au lendemain de la Pentecôte, jour de la fête de Marie, Mère de l'Église, le diocèse normand se donne ainsi une conscience commune pleine de souffle au service de l'annonce de la foi en Église. « Chacun, petit ou grand, sera le bienvenu ! », insistent les responsables. ■

Sébastien Antoni

... SAINT-DIDIER (84)

DU JEUDI 17 AU DIMANCHE 21

Retraite spirituelle

« Le combat de la prière. » Animée par François-Régis Wilhélem et Jean-François Lefebvre, prêtres de Notre-Dame-de-Vie.

06 08 82 83 27

centrespirituel@notredamedevie.org

www.notredamedevie.org

Île-de-France

PARIS (XVIIIE)

SAMEDI 6

Prière mariale

Messe en l'honneur de la Vierge Marie, chapelet, geste de l'eau de Lourdes, vêpres et vigiles, veillée mariale aux flambeaux, complies. À la basilique du Sacré-Cœur de Montmartre.

01 53 41 89 00

basilique@sacrecoeurdemontmartre.fr

www.sacre-coeur-montmartre.com

VERSAILLES (78)

DU MARDI 9 AU DIMANCHE 14

Retraite spirituelle

Laisser la parole de Dieu faire son œuvre : retraite prêchée selon les Exercices spirituels de saint Ignace de Loyola. Au centre spirituel de Versailles.

01 39 50 21 56

secretariat@cenacle78.fr

www.ndcenacle.org

SAINT-PRIX (95)

SAMEDI 13 ET DIMANCHE 14

Préparation mariage

« Le mariage, y réfléchir, s'y préparer » : pendant deux jours, découvrir la beauté de ce sacrement, prier et louer. Enseignements, témoignages, discussions. Pour les fiancés. Avec Laurent Tournier, prêtre, et des couples des équipes Notre-Dame.

01 34 16 09 10

massabielle.net

ENVOYEZ VOS RENDEZ-VOUS À L'AGENDA DE PRIONS EN ÉGLISE : Merci d'envoyer les informations nécessaires 3 mois avant l'événement, sans engagement de publication par la rédaction, à : *Prions en Église*, Agenda, 18 rue Barbès, 92120 Montrouge, ou par e-mail : *prionseneglise@groupebayard.com*

PrionsenÉglise 18, rue Barbès,
www.prionseneglise.fr 92128 Montrouge Cedex.

▶ **POUR CONTACTER LE SERVICE CLIENT : 01 74 31 15 01** – service.client@groupebayard.com
(Préciser : nom + adresse postale + « concerne Prions en Église ».)

▶ **POUR VOUS ABONNER : 01 74 31 15 01** – www.librairie-bayard.com
Bayard, Prions en Église, TSA 60007, 59714 Lille Cedex 9

▶ **POUR CONTACTER LA RÉDACTION : 01 74 31 63 24** – prionseneglise@groupebayard.com

Directeur de la publication : Pascal Ruffenach. Directeur du secteur et directeur des rédactions : Jean-Pierre Denis. Rédaction : Karem Bustica (rédactrice en chef), Pomme Mignon (rédactrice en chef adjointe visuel, directrice artistique), Frédéric Pascal (rédacteur en chef adjoint), Armelle Gabriel (assistante), Nicolas Crouzier (secrétaire général de la rédaction), Jean-Baptiste Deau (1er secrétaire de rédaction), Clotilde Pruvôt, Véronique Jollé (secrétaires de rédaction), Laurent Sangpo, Pascal Redoutey (rédacteurs graphistes), Ania Biszewska (rédactrice photo), Sébastien Antoni (chef de grande rubrique), Anne-Quitterie Jozeau (rédactrice), Agnès Thépot (relations lecteurs). A participé : Thibault Van Den Driessche, Geneviève de Balincourt. Marketing éditeur et développement : Anne-Claire Marion (directrice), Amandine Boivin (responsable marketing). Marketing diffusion et abonnement : Aurore Bertrand (directrice), Sandrine Dos Santos (chef de marché). Direction des terrains catholiques : Cédric Bloquet (directeur). Voyages lecteurs : Corinne Miguel. Contrôle de gestion : Tonnumy Ai. Fabrication : Grégory Cervantes. Impression : Maury SAS, Z.I. Route d'Étampes, 45330 Malesherbes. Textes liturgiques : © AELF. Chants : © Éditeurs. © Bayard et Novalis. Reproduction interdite sans autorisation. *Prions en Église* est édité par Bayard, société anonyme à Directoire et Conseil de Surveillance au capital de 16 500 000 €. Actionnaires : Augustins de l'Assomption (93,7 % du capital), SA Saint-Loup, Association Notre-Dame de Salut. Directoire : Pascal Ruffenach (président), André Antoni, Florence Guémy et Jean-Marie Montel (directeurs généraux). Président du Conseil de Surveillance : Hubert Chicou. Dépot légal à parution. CPPAP : 0425K86471 - ISSN : 0383-8285. Belgique et Luxembourg : Bayard Presse Bénélux, Da Vincilaan, 1 – 1930 Zaventem. Tél. : 0800 250 38 (de Belgique, gratuit) ou 800 29 195 (du Luxembourg). Web marché chrétien : librairie-bayard.com. Suisse : Edigroup SA 39 rue Peillonnex 1225 Chêne-Bourg – Suisse. Tél. : 00 41 22 860 84 02. Mail : abobayard@edigroup.ch

PEFC
10-31-1282
Certifié PEFC
Ce produit est issu de forêts gérées durablement et de sources contrôlées.
pefc-france.org

IMPRIM'VERT
Votre imprimeur agit pour l'environnement

***Prions en Église* agit pour l'environnement**

PETIT FORMAT Origine du papier : Suède.
Taux de fibres recyclées : 0%. Origine des fibres : papier issu de forêts gérées durablement.
Impact sur l'eau : Ptot 0,007 kg/T

GRAND FORMAT Origine du papier : Suède.
Taux de fibres recyclées : 0 %. Origine des fibres : papier issu de forêts gérées durablement.
Impact sur l'eau : Ptot 0,003 kg/T

Ce numéro comporte :
Sur la totalité de la diffusion : encart posé "Prions en Église Junior" ; encart jeté "Prions en Église" autopromo. Sur une partie de la diffusion : encart posé "Le Pèlerin" abonnement ; relance posée "Prions en Église" offre d'abonnement.